Andreas Tönnesmann
MONOPOLY

Andreas Tönnesmann
MONOPOLY
*Das Spiel, die Stadt
und das Glück*

Verlag Klaus Wagenbach   Berlin

Monopoly erschien erstmals 2011 als 81. Band in der *Kleinen Kulturwissenschaftlichen Bibliothek* im Verlag Klaus Wagenbach, Berlin.

Wagenbachs Taschenbuch 867
© 2011, 2024: Verlag Klaus Wagenbach
  Emser Straße 40/41, 10719 Berlin   www.wagenbach.de
Covergestaltung Julie August unter Verwendung des deutschen und eines japanischen Monopoly-Spielfeldes. Foto des Autors: ETH Zürich. Gesetzt aus der Walbaum. Das Karnickel auf Seite 1 zeichnete
Horst Rudolph. Gedruckt und gebunden bei Pustet, Regensburg.
Printed in Germany. Alle Rechte vorbehalten

ISBN   978 3 8031 2867 6

Inhalt

Rücke vor bis zur Schlossallee 7

Die Idee 13
   Charles Darrow im Zwielicht 13
   Traum einer Quäkerin 24
   Von Schönheit und Niedertracht 38

Das Spiel 59
   Es lebe Monopoly! 59
   Weltstadt des Kalten Kriegs 73
   Nieder mit Monopoly! 85

Die Stadt 95
   Architekten – Erfinder der Stadt 95
   Stadtträume von Morus bis Andreae 108
   Städte in Zeiten der Krise: Monopoly und Broadacre City 124

Spiel, Stadt und Glück 155

Nachwort 165

Literaturhinweise nach Kapitel 167
Bibliographie 169
Bildnachweis 173

> **Ereigniskarte**
>
> Rücke vor bis zur
>
> Schloßallee.

1 *Diese Karte kann den Ruin bedeuten.*

Rücke vor bis zur Schlossallee

Fünf Worte, ich erinnere mich ganz genau, haben über mein Schicksal entschieden. Vierzig Jahre oder länger ist es her, und doch scheint mir, ich hätte den schrecklichen Augenblick gerade erst erlebt. Ich las die Worte schon zu oft, um mich Täuschungen hinzugeben, und Unzählige andere mussten vor und nach mir erfahren, was sie bedeuten: »Rücke vor bis zur Schlossallee«. Kein freundliches »bitte« mildert die vernichtende Botschaft, kein höfliches »Sie« zeigt an, dass mir Respekt auch im Angesicht der Niederlage gebührt. Ein schmuckloser Imperativ vernichtet meine Existenz. Dass sich ein schwungvoller Rhythmus durch den Satz zieht, scheint pure Ironie: Fast könnte man singen, was auf der abgegriffenen roten Karte steht (Abb. 1), und eine kleine, raffinierte Pause einlegen vor dem fatalen Schlusswort, für das der Setzer eigens eine neue Zeile reserviert hat: »Schlossallee«.

Bilder steigen auf. Ein Schulfreund kam zu Besuch an einem trüben Nachmittag mitten in den Sechzigerjahren. Es regnet, man kann nicht auf die Straße, Langeweile macht sich breit. Mein Bruder hat die rettende Idee: Monopoly! Warum nicht die goldene Schachtel aus dem Schrank holen, den Tisch freiräumen und die magischen Handlungen in Gang setzen, die jedem Monopoly-Spiel vorausgehen und alles, was folgt, als Vollzug eines rätselhaften Zeremoniells erscheinen lassen? Das Spielbrett aufschlagen, Würfel und Spielfiguren aus den Fächern nehmen, Ereignis- und Gemeinschaftskarten, rot und gelb, auf die vorgesehenen Felder stapeln, das Startkapital von der Bank verteilen. Wir beginnen zu würfeln. Nach und nach bewegen sich unsere Spielfiguren über die Straßen. Als säuberlich gedruckte Felder, durch leuchtenden Balken zu roten, blauen, violetten Gruppen zusammengefasst, säumen sie das mittlere Quadrat in seinem satten Grün. Immer dieselben Fragen: Soll ich die Straße kaufen, auf der ich das erste Mal zum Stehen komme? Wann habe ich mein Quartier zusammen, reicht das Geld zum Bauen? Wer wird bei mir Halt machen, damit ich Miete kassieren kann? Wie soll ich die beiden Würfel in der Hand bewegen, damit sie günstig fallen? Es wäre fatal, beim nächsten Zug eine der teuren grünen oder blauen Straßen zu erwischen und eine Wuchermiete zahlen zu müssen. Ja – es ist gelungen, ich lande nicht auf der Bahnhofstraße (Miete mit vier Häusern: 24000 Mark!), sondern auf dem Ereignisfeld mit dem roten Fragezeichen. Und ausgerechnet hier falle ich dem Schicksal anheim. Zuoberst liegt die Hiobsbotschaft: »Rücke vor bis zur Schlossallee.«

Was ist so verheerend an dieser Adresse, die doch nichts als Ruhe und Gediegenheit zu verheißen scheint – weiß schimmernde Häuser inmitten grüner Gärten, breite Trottoirs, Reste versunkener Pracht? Nebenan die Parkstraße, auch sie ein bevorzugter Ort in Monopoly – vielleicht nur an einer Seite bebaut, im Blickfeld der Fenster nichts als hohe Bäume und blitzendes Wasser, so stelle ich sie mir vor. Was kann schlecht daran sein, auf schnellstem Weg – »rücke vor« – in das Wunsch- und Traumquartier der Stadt befohlen zu werden, die Monopoly heißt? Ganz einfach: Monopoly ist nicht nur Stadt, sondern auch Spiel. Und zum Sinn des Spiels gehört, dass ich nicht als geladener Gast in die Schlossallee komme oder gar als Anwohner, der ein selbstverständliches Recht hätte, sich hier aufzuhalten. Sondern als Spieler mit schwindenden Kapitalrücklagen, der dafür zahlen muss, unversehens in Monopolys Top-Lage versetzt zu sein. Mein Bruder, Gewinner fast jeden Monopoly-Spiels, hat die beiden vornehm dunkelblau markierten Straßen längst gekauft und eben noch ein Hotel auf der Schlossallee gebaut.

Vierzigtausend Mark Miete fordert er jetzt von mir, kann das sein? Tatsächlich, es steht auf seiner Besitzrechtskarte, irgendwie muss ich den horrenden Betrag zusammenbringen, parkt dieses lächerliche kleine Blechauto, das meine Spielfigur ist und von dem ich immer wieder glaube, es brächte mir Glück, doch unbezweifelbar auf seiner Prachtmeile. Natürlich habe ich keine vierzigtausend, habe sie nie gehabt in diesem Spiel, bei weitem nicht. Meine Barrücklagen sind bedenklich geschmolzen, die roten und violetten Straßenzüge, die ich billig gekauft und mühsam mit ein paar Häuschen bebaut habe, auf denen aber seit drei Runden niemand mehr angehalten hat, könnten mir solche Beträge gar nicht einbringen. Sicher, ich kann Hypotheken bei der Bank aufnehmen. Dafür muss ich nur meine Besitzrechtskarten umdrehen, »Hypothekenbrief« steht jetzt darauf, peinlich rot gedruckt.

Es reicht trotzdem nicht. Mein Bruder bietet mir ein Darlehen an, zinsfrei über drei Runden, gegen ein Vorkaufsrecht auf Bad- und Turmstraße, falls ich bis dahin nicht zahlen kann. Die Spielregeln erlauben das natürlich nicht, aber wer spielt Monopoly schon nach Vorschrift? Ich akzeptiere. Ein generöses Angebot, denke ich mir. Dreimal würfeln, was kann da alles noch passieren! »Es wird schon werden«, sage ich mir wie die Trainer der Fußballclubs, die auf den Abstiegsplätzen der Bundesliga stehen und samstags in der »Sportschau« zu Wort kommen. Ich müsste es besser wissen. Höchstens zehn Minuten halte ich noch durch, und das auch nur, wenn ich Glück habe und das nächste Mal so würfle, dass ich auf ein mietfreies Feld komme – »Frei parken«. Vorher müsste ich nach menschlichem Ermessen noch über »Los« gehen und würde mir so die obligatorische Prämie von viertausend Mark sichern, die allen Spielern zusteht, sobald sie dieses Feld passieren. Die Bank, Hüterin unversiegbarer öffentlicher Schätze, wie man damals noch glaubte, schüttet das Geld aus als pures Zeugnis ihrer Freigebigkeit – und als Lohn dafür, dass ich als Mitspieler Bürger Monopolys bin, dieser von Reichtum gesegneten Stadt. Wer weiß, vielleicht komme ich danach sogar ins Gefängnis? Etwas Besseres könnte mir kaum blühen in meiner Lage, Monopolys Gefängnis ist für viele ein gesuchter Platz. Hinter Gittern zahlt man nichts! Und von irgendwelcher Unbill, der man dort ausgesetzt wäre, hat noch niemand etwas gehört. Ich könnte lange dort bleiben – bis ich einen Pasch würfle, was ja selten genug vorkommt. Meinem Freund die Karte »Du kommst aus dem Gefängnis frei« abzukaufen, die er schon seit längerem hortet und mir jetzt zum Vorzugspreis anbietet, so dumm wäre ich natürlich nicht.

Tatsächlich weiß ich es besser. »Rücke vor bis zur Schlossallee« – dieses Kommando kann so gut wie niemand länger als zehn Minuten überstehen, der sich durch die Straßen

Monopolys bewegt. Denn jeder weiß, dass es in diesem Spiel geborene Sieger und Verlierer gibt. Der Typus des Gewinners hat Mut und Verstand zugleich. Zu Besitz und Geld steht er in einem zwiespältigen Verhältnis – zwar liebt er Reichtum, ein Hasardeur und Abenteurer schlummert in ihm, aber seine Entscheidungen trifft er rational. Er wird nie Scheu haben, Investitionen großen Stils zu tätigen, Kredite aufzunehmen, seine Steuerzahlungen auf das unumgängliche Minimum zu reduzieren, Beteiligungen im richtigen Moment zu erwerben und abzustoßen. Die Lektüre der Börsenkurse wird ihm Labsal sein. Und all das muss ihn keineswegs unsympathisch machen. Schwerer hat es der Sparer. Er hängt am Besitz um seiner selbst willen, braucht Sicherheit, häuft lieber langsam und stetig an, statt einmal den großen Coup zu wagen. Phantasie und Spürsinn sind ihm verdächtig, lieber vertraut er auf feste Zusagen. Monopoly lohnt ihm diese Bewahrermentalität in aller Regel nicht. Sitzt ein Gewinnertyp mit am Tisch, so kann der Sparer allenfalls einen Mittelplatz erreichen. Von Anfang an verloren hat der Konsument. Er ist Genussmensch und will nicht investieren, um zu vermehren, sondern ausgeben, um sich des Lebens zu erfreuen. Besitz als numerische Größe interessiert ihn nicht. Aber solche Gleichgültigkeit, fataler Neigung zum Hedonismus entsprungen, straft Monopoly gnadenlos. Ein beruhigendes Kissen an Solvenz gehört zur Grundausstattung aller, die nicht verlieren wollen. »Nie unbedacht investieren« heißt die Devise! Nicht umsonst hatten Nachkriegszeit und Wirtschaftswunder das Klima geschaffen, in dem Monopoly – nicht nur in Deutschland – seine größten Erfolge feierte. Einfach die Straßen zu kaufen, auf die man dank der Glücksmaschine der Würfel zu stehen kommt, einfach Häuser und Hotels zu errichten, so weit das Geld reicht, um seinen »Bauwurm« – eine Schrulle barocker Fürsten – auszuleben, dafür wird man in der Welt Monopolys niemals honoriert. Wer sich seinen Wünschen einfach hingibt, statt die Tugend der Vorsorge zu üben, hat verloren. Ein nutzloses Glied der Gesellschaft, das ist der einzige Trost, wird man deshalb allerdings noch lange nicht. Denn es bedarf – das ist Prinzip nicht nur Monopolys, sondern aller Glücksspiele – zwingend der Verlierer, damit andere gewinnen können.

Bald werde ich also Konkurs anmelden und als erster ausscheiden müssen, wie so oft schon. Warum spiele ich trotzdem immer wieder mit? Warum ist gerade dieses Spiel auch heute noch, 75 Jahre nach der Markteinführung, das richtige Heilmittel gegen die drohende Depression regnerischer Nachmittage? Es gehört zu den Geheimnissen von Monopoly, dass es mehr ist als ein Gesellschaftsspiel. Man spielt auch dann, wenn man weiß, dass man nie gewinnt. Monopoly ist nicht *Schach* und nicht *Mensch ärgere dich nicht*, es ist ein Spiel ohne intellektuellen oder pädagogischen Ehrgeiz, ein Spiel für Jugendliche, die es oft verfluchen und doch später mit ihren eigenen Kindern spielen werden. Ein Spiel, das in der Kritik steht, seitdem es existiert – schon die Manager von Parker Brothers, der Firma, die später Millionen an Monopoly verdienen wird, listen penibel all die »schwerwiegenden Fehler« auf, als ihnen 1934 das Patent zum Kauf angeboten wird. Monopoly ist ein Unding von einem Spiel: Es dauert zu lang und hat kein klares Ziel, es appelliert an niedrige Instinkte und hat so unsinnige Regeln, dass man kaum umhinkommt, sie planmäßig zu brechen.

Dafür bietet es Topographie und Form, Maß und Raum in Fülle, ja in Vollendung. Monopoly ist zwar Spiel, aber vor allem ist es Stadt. Eine Stadt, in der nichts funktionieren muss, in der aber alles seinen Ort gefunden hat, die allen gehört und jedem Heimat bietet. Das Spielbrett wird zum parallelen Zuhause, in dem man jede Ecke kennt und das sich nie verändert. Man bewegt sich in dieser scheinbaren Welt mit einer Sicherheit, die man sich in der wahren kaum erobern kann. Entscheidend ist, dass alles dort bleibt, wo es ist. Nur so kann Monopoly in jungen Spielern zum Stoff des Erinnerns gerinnen, der lebenslang nicht verlorengeht. Wie wichtig war das gerade im Kalten Krieg, der Glanzepoche Monopolys, als Heimatlosigkeit kein Schlagwort war, sondern Realität und grundierende Erfahrung der Elterngeneration. Monopoly spielen heißt zu wissen, dass es Stabilität und Verlässlichkeit gibt. Man findet sich garantiert zurecht, gleich ob Gewinner oder Verlierer. Wer käme schon auf die Idee, die Bahnhöfe aus den Achsen des Quadrats zu verschieben, das Gefängnis aus seiner Ecke rücken oder die Schlossallee von ihrem Feld vor »Los« verdrängen zu wollen? Es wäre blanker Unsinn, denn niemand würde mehr Monopoly spielen. Die goldene Schachtel bliebe im Schrank, ganz gleich, wie heftig draußen der Regel trommelt.

Die Idee

Charles Darrow im Zwielicht

Werden Spiele erfunden? Zugegeben, manchmal ist eine einfache Idee die Keimzelle, aus der ein Spiel entsteht. Damit logische Regeln und praktikable Spielverläufe ersonnen, einprägsame Formen entwickelt und schließlich all jene Voraussetzungen erfüllt werden, auf denen der langfristige Erfolg von Spielen beruht, hat aber fast jede Spielidee einen Prozess der kulturellen Überformung und Anpassung, Erprobung und Verbesserung durchlaufen. Solche Phasen können zuweilen mehrere historische Epochen umfassen, dafür sind klassische Brettspiele die besten Zeugen. Das Kriegs- und Königsspiel *Caturanga* kam erstmals im fünften Jahrhundert nach Christus in Indien auf, nahm aber einen Umweg über Sri Lanka, Persien und die arabische Kultur, bevor es unter dem persischen Namen *Schach* in Spanien und bald in ganz Europa heimisch werden konnte – in jener vielfach redigierten und veränderten, schließlich aber stabilen Ausprägung, die wir bis heute kennen. Wahrscheinlich noch älteren Ursprungs sind *Mühle* oder *Backgammon* – in Deutschland früher *Puff*, in Frankreich *trictrac* genannt.

Bei näherem Hinsehen sind Brettspiele fast immer Themenspiele, wie beim *Schach* stehen Krieg und Kampf – wen wundert es – ganz oben in der Beliebtheitsskala. Strategiespiele machen den Spieler zum General und erfüllen damit geheime Wünsche. Die neben *Schach* erfolgreichste Variante heißt *Pachisi*, auch sie kommt aus Indien. Uneinnehmbare Festungen komplizieren die Abwicklung dieses Laufspiels, indem sie nicht nur die Bewegung aufhalten, sondern dem Spieler Voraussicht und praktische Intelligenz abverlangen. Thema, Dauer und Gewinnanreiz, Thrill und Plausibilität der Form – all das muss perfekt zusammenstimmen, um Popularität und Erfolg eines Spiels über Generationen zu garantieren. Vollkommenheit

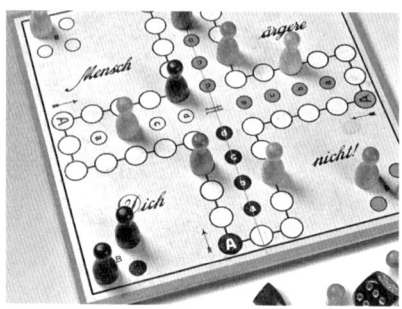

2 *Mensch ärgere Dich nicht – ein Motto, das zu schlechten Zeiten passt. Das Spiel erlebte seinen Durchbruch im Ersten Weltkrieg.*

des Spiels meint immer Vollkommenheit im Gebrauch, und die lässt sich in einem einzigen Akt vorausschauender Erfindung kaum je erreichen. Andererseits kann nicht jedes Spiel den Schliff von Jahrhunderten in Anspruch nehmen, um auf seinen definitiven Nenner gebracht zu werden.

Monopoly, so sieht es auf den ersten Blick aus, ist nicht geworden, sondern gemacht. Der Legende nach führte ein Geistesblitz in den frühen 1930er Jahren seinen Erfinder Charles B. Darrow (1889–1967) zu Erfolg und unsterblichem Ruhm. Autorenspiele kannte man damals schon seit einiger Zeit, aber erst seit dem 20. Jahrhundert konnten sie ihre Schöpfer reich machen. Zu Charles Darrows Ahnherren zählte Josef Friedrich Schmidt aus Amberg, der Erfinder von *Mensch ärgere Dich nicht*, aber es hatte fatalerweise eine Katastrophe wie den Ersten Weltkrieg gebraucht, um seine Erfindung auf die einzigartige Erfolgsspur zu führen, die es seit 1908 durchlaufen sollte (Abb. 2). *Mensch ärgere Dich nicht* gründet auf die indischen Vorläufer *Pachisi* und *Chaupur*, und sicherlich war Schmidt deren moderne englische Variante *Ludo* bekannt. Seine nochmalige Abwandlung angesichts der vielen Vorbilder eine Erfindung zu nennen, wäre jedenfalls übertrieben – freundlich ausgedrückt ist es eine entschiedene Reduktion von Komplexität, die Schmidt dem alten Laufspiel *Pachisi* aufgezwungen hat. Festungen und Blockaden sind ersatzlos entfallen; nur noch das Würfelglück entscheidet über Sieg und Niederlage, womit jede Intelligenzanforderung an den Spieler entfällt. Auch die erzählerische Komponente ist auf Null gesunken, und den Parcours, auf dem man die Spielfiguren bewegt, kann man kaum anders bezeichnen denn als trostlose Einöde.

Wie ist dann der imposante Erfolg dieses minimalistischen Abkömmlings altindischer Spielkultur – bis heute mehr als 70 Millionen mal verkauft – zu erklären? Die Antwort liegt offensichtlich im sinkenden Schlachtenglück, dem sich die deutsche Armee seit 1916 ausgesetzt sah. Damals entwickelte sich *Mensch ärgere Dich nicht* nämlich auffälligerweise zum bevorzugten Geschenkartikel, der per Feldpost aus der Heimat an Frontkämpfer und vor allem an Lazarett-Patienten verschickt wurde. Eine En-bloc-Spende von 3000 Spielen für den Frontversand erlaubte es Schmidt in diesem Jahr, seine bescheidene Münchner Hinterhofwerkstatt zur Spielefabrik auszubauen und als reguläres Gewerbe anzumelden. In der Tat, welche Botschaft hätte für demoralisierte Soldaten tröstlicher sein können als die im täglichen *Mensch-ärgere-Dich-nicht*-Spiel bestätigte Einsicht, dass über Sieg und Niederlage allein das Schicksal entscheidet, strategische Fähigkeit oder Kampfmoral aber keine Rolle spielen? Der ingeniös gewählte Name, sicherlich Schmidts erfinderische Hauptleistung, ließ sich beim besten Willen mit keiner Hurra-Propaganda vereinbaren und wäre als Grußadresse an siegreiche Heere ein völliger Fehlgriff gewesen. Verständlich dagegen wird er als Appell, mit Niederlagen gelassen umzugehen – eine quietistische Devise, die sich in der deutschen Geschichte seither noch manches Mal als aktuell erweisen sollte und auch jenseits kriegerischer Anlässe Eingang in den bürgerlichen Tugendkatalog gefunden hat. Nicht nur in Deutschland, auch in Frankreich *(T'en fais pas)*, Italien *(Non t'arrabbiare)* und der übrigen Welt haben das Motto wie das Spiel seither treue Anhänger gefunden.

Anders als Schmidt, dessen Name allenfalls Insidern zum Begriff wurde, hat sich Charles B. Darrow immerhin als Idol und ungekrönter König all jener ehrgeizigen und so gut wie immer erfolglosen Nachfolger etablieren können, die Jahr für Jahr Erfindermessen bevölkern und Hersteller mit Vorschlägen bombardieren, wie man mit ihren neuen, höchst raffinierten und trotzdem marktreifen Spielen unfehlbar die Menschheit beglücken und die Weltmärkte erobern würde. Spiele-Erfinder – diese ausgefallene Tätigkeit ist seit Darrow zum Traumberuf geworden. Und in der Tat gibt es einzelne herausragende Autoren, denen das Kunststück gelingt, mit einer Spielidee – manchmal auch mit einer ganzen Reihe davon – erfolgreich zu sein. Akademiker und immer wieder auch intellektuelle Tüftler wie Alex Randolph (1922–2004) sind klassische Meister des Metiers, verschiedentlich finden sich Mathematiker darunter. Und ausgerechnet der Stammvater dieser Elite soll der Durchschnittsmensch Darrow, Heizungsbauer und Installateur aus Germantown, Pennsylvania, gewesen sein? Das wenige, was wir von ihm wissen, sprengt kaum die Grenzen einer banalen Existenz. Was ihm zu seiner Zeit ein gewisses Renommee verschafft haben dürfte, war immerhin sein Beruf. Zu Beginn des 20. Jahrhunderts, als Darrow seine Lehre machte, war der Installateur noch keineswegs ein Handwerker wie jeder andere; im Gegenteil, sein Tun setzte neben technologischer Kompetenz auch kulturelle Verantwortung voraus, verband es sich doch auf das Engste mit den Zielen der städtebaulichen Reformbewegung. Der Installateur war gewissermaßen der geborene Begleiter auf dem Weg in die Moderne. Aus Sicht von Adolf Loos, dem Wiener Architekten und scharfzüngigen Vorkämpfer für eine durchgreifende Erneuerung der Alltagskultur, trug der Beruf geradezu elitäre Züge. Loos hatte mehrere Jahre in Amerika gelebt. In einem Artikel der *Neuen Freien Presse* erklärte er den amerikanischen *plumber* zum »pionier der reinlichkeit«, ja zum »ersten handwerker im staate« und zum »quartiermacher der kultur, der heute maßgebenden kultur.«

Dennoch: Darrows Biographie will kaum zu dem passen, was wir von anderen prominenten Spieleautoren wissen. Weder trieb ihn nach dem Monopoly-Erfolg die Erfindungslust weiter um – Alex Randolph hat weit mehr als hundert Gesellschaftsspiele patentieren lassen –, noch versuchte er, den Vertrieb von Monopoly selbst zu übernehmen und dann als Produzent zu reüssieren. Nachdem ihm das *United States Patent and Trademark Office* am 31. Dezember 1935 das Urheberrecht für das neue, von ihm entwickelte Spiel Monopoly bestätigt hatte (Abb. 3) und sobald seine Tantiemen es ihm erlaubten, kaufte er sich eine Farm in Pennsylvania und führte ein nach außen geradezu unsichtbares Rentnerleben.

3 *Mit Brief und Siegel: Charles Darrows Patent für Monopoly von 1935.*

Dabei ist Monopoly keineswegs so umstandslos, wie man lange Zeit geglaubt hat, auf die Welt gekommen. Wie dies geschah, darüber werden zwei Geschichten erzählt. Beide gilt es sorgfältig gegeneinander abzuwägen, will man sich so weit wie möglich dem nähern, was vielleicht die Wahrheit gewesen ist. Geschichte eins hat die ehrwürdige Firma Parker Brothers aus Salem, Massachusetts, in die Welt gesetzt. Parker Brothers war der renommierteste Spieleherstellerder USA, der neben vielen anderen Bestsellern auch Monopoly von Anfang an produzierte und vertrieb. 1883 von dem erst sechzehnjährigen George S. Parker gegründet, der selbst ein leidenschaftlicher Spieleentwickler war, wahrte das Unternehmen bis 1968 seine Selbständigkeit; ein Jahr vorher war Charles Darrow auf seiner Farm gestorben. Danach existierte der klangvolle Name Parker nur noch auf dem Papier. Parker Brothers ging durch die Hände mehrerer Investoren, bevor es 1991 vom Spielzeuggiesen Hasbro aufgekauft und zwischenzeitlich sogar als Marke aufgegeben wurde.

Parker Brothers waren es gewesen, die den Namen Charles Darrow bekannt gemacht hatten, ihn mit wenigen, dürren biographischen Angaben versahen und so einem Mann Eingang in die Geschichtsschreibung verschafften, über den wir kaum etwas wissen und der selbst anscheinend alles getan hat, um nie ins Rampenlicht treten zu müssen. Nicht einmal eine Handvoll Fotografien überliefern sein Aussehen, und nur eine davon ist berühmt geworden: Ein Brillenträger in den Sechzigern, mit weißem Hemd und gemusterter Krawatte korrekt gekleidet, sitzt – eine getäfelte Holzwand im Rücken – vor einem aufgeklappten Monopoly-Brett, vor ihm ist Spielgeld unordentlich gestapelt (Abb. 4). Freundlich lachend reicht er einem Mitspieler, von dem nur die linke Hand im Bild erscheint, eine 500-Dollar-Note. Zwar will die Aufnahme als Schnappschuss durchgehen, aber sie ist alles andere als ein spontanes Alltagszeugnis. Offensichtlich wurde die Szene für den Fotografen sorgfältig arrangiert, wie eine ganze Anzahl von Indizien nahelegt. Das Tischchen ist viel zu klein, um wirklich daran spielen zu können, das Brett erscheint von Darrow weggedreht, so dass nicht er, sondern der Betrachter

4 *Charles Darrow spielt »sein« Monopoly – für die Kamera!*

die Aufschrift »Monopoly« lesen kann. Auch sind mehr Straßen bebaut als Besitzurkunden sichtbar, und um so viel Geld zusammenzubekommen wie hier im Überfluss angehäuft, müsste man die Schachteln von mindestens drei Monopolyspielen plündern. Wir wissen nicht, ob Darrow nach seinem

Rückzug ins Privatleben noch jemals freiwillig Monopoly gespielt hat – falls ja, ist dieses Bild jedenfalls kein Beweis dafür.

Was uns an Nachrichten über den »Erfinder« Monopolys überliefert ist, beschränkt sich auf wenige Fakten. 1889 geboren, zieht der Heizungs- und Dampffachmann 1927 aus Pittsburgh nach Germantown, Pennsylvania – in eine ehemals selbständige Stadt, die allerdings schon 1854 in die Metropole Philadelphia eingemeindet worden war und sich seitdem als nordwestlicher Vorort an deren Zentrum anschließt. An die Gründung durch deutsche Quäker und Mennoniten im 17. Jahrhundert erinnert seitdem kaum mehr als der Name. Heute gibt es als Touristenattraktion einen Laden, der zum Klang von *Stille Nacht* ganzjährig weihnachtlichen Baumschmuck verkauft, früher war hier immerhin die erste Bibel Amerikas gedruckt worden – vielleicht Johannes Gutenbergs eingedenk. Bescheidenen, wenn auch melancholisch eingefärbten historischen Ruhm verdankt der Ort aber hauptsächlich der *Battle of Germantown*, die 1777 unter Teilnahme George Washingtons auf der Main Street hin- und hergewogt hatte und in der die einheimischen Truppen den Engländern schmählich unterlegen waren.

In den 1920er Jahren stellt sich die Germantown Avenue, wie die Main Street inzwischen heißt, ohne jede Nostalgie als Verkehrs- und Einkaufsader eines typisch amerikanischen Mittelzentrums dar, belebt von Reklame, Passanten und Ford-T-Modellen (Abb. 5). Hier arbeitete Darrow als Angestellter einer Installationsfirma, bevor er wie Millionen Amerikaner nach dem 24. Oktober 1929, dem Schwarzen Donnerstag der Wall Street, seine Arbeit verlor. Nach vielen Krisenzeichen, die längst vorausgegangen waren, brachen an diesem Tag die Börsenkurse dramatisch ein, Verschuldung in ungeahntem Ausmaß war die Folge, und es sollte drei Jahre dauern, bis die anschließende Wirtschaftskrise 1932 ihren Tiefpunkt erreichte und unter dem unheilvollen Namen *The Great Depression* in die Geschichte einging.

Dabei zog in Philadelphia, so schien es, die Krise nicht so schlimme Folgen nach sich wie in anderen Großstädten Amerikas. Im Januar 1932 konnte Hampton Moore, republikanischer

Bürgermeister der Stadt, erklären: »Ich habe mich in Süd-Philadelphia umgesehen. Ich ging in die kleinen Straßen und sah wenig Armut. Von einem Beobachtungspunkt habe ich Autos gezählt. Arme und Reiche, Weiße und Farbige, Ausländer und Einheimische – alle fuhren an mir vorbei. Es gibt keinen Hunger in Philadelphia.« Stolz meldete er nach Washington, wie souverän seine Stadt die Krise zu meistern wusste. Aber das war Schönfärberei. Tatsächlich war im traditionell schwarzen Süden Philadelphias ein Drittel der Bevölkerung ohne Beschäftigung, und insgesamt zählte die Stadt 281 000 Arbeitssuchende. Moore war eingefleischter Wirtschaftsliberaler. Worauf es ihm ankam, war einzig und allein, wenn irgend möglich staatliche Interventionen von seiner Stadt fernzuhalten. Aber auch private Wohltätigkeitsorganisationen hatten es schwer in Philadelphia. 1930 hatte ein Komitee für Arbeitslosenhilfe nahezu vier Millionen Dollar gesammelt und Notunterkünfte für 10 000 Obdachlose gebaut, aber im Herbst 1931 musste

5 *Die Pennsylvania Avenue in Germantown,*
Geburtsstätte Monopolys, aufgenommen 1921.

es aufgeben. Ähnlich erging es danach der von der Stadt ins Leben gerufenen Community Chest Campaign, die von wohlhabenden Bürgern sogar zehn Millionen Dollar erhielt, aber gleichfalls keinen langfristigen Erfolg verbuchen konnte.

Private Hilfe, das stellte sich bald heraus, war nicht in der Lage, die Schwierigkeiten zu meistern. Als Franklin D. Roosevelt (Abb. 6) dann im Frühjahr 1933 die Präsidentschaftswahlen gewonnen und mit öffentlichen Beschäftigungs- und Investitionsprogrammen die erste Phase des New Deal eingeläutet hatte, zeigte sich Mayor Moore höchst unwillig, die jetzt erreichbaren Fördergelder aus Washington in vollem Umfang für seine Stadt einzuwerben. Die Bundesregierung überschreite mit der Wirtschaftsförderung ihre Kompetenzen, so sein *ceterum censeo*. Was er am meisten fürchtete, war das Erstarken demokratischer Konkurrenz für die eigene Grand Old Party, die in Philadelphia schon seit Menschengedenken an der Macht war – hatte sie hier traditionell doch auch die Arbeiter und die schwarze Bevölkerung (so weit sie wählen durfte) hinter sich. Er setzte weiter auf Kürzungen der Kommunalausgaben und Entlassung städtischer Angestellter, nachdem das Ruder in Washington längst herumgerissen war. Edward Jones, Leiter der Works Progress Administration (WPA) für Pennsylvania, verzweifelte und setzte 12 000 öffentlich bezahlte Arbeiter in den Vororten Philadelphias ein statt in der Metropole selbst, wo Moore das Sagen hatte.

Die Rechnung des *mayor* ging zwar am Ende auf, aber ganz anders als gedacht. Vor den Kommunalwahlen im Herbst 1935 wechselte sein schärfster Widersacher, der Demokratenführer S. Davis Wilson, unvermutet zur Republikanischen Partei, warf Moore als Kandidaten aus dem Rennen und wurde mit knappem Vorsprung Bürgermeister vor seinem demokratischen Mitbewerber. Schon 1939 starb Wilson im Amt. Persönlich keineswegs unumstritten – zweimal stand er wegen sexueller Verfehlungen und wegen Glücksspiels vor Gericht, ohne freilich verurteilt zu werden –, schaffte er es dennoch während kurzer Zeit, Philadelphia in den Genuss staatlicher Unterstützungsleistungen zu bringen. Straßen- und Brückenbau florierten nach seiner Wahl, der öffentliche Wohnungsbau nahm Fahrt auf, und binnen kurzem waren 47000 Arbeiter auf Kosten der WPA beschäftigt.

Diese bewegten Zeitumstände waren es, die bei der Geburt Monopolys Pate standen. Wie viele Hausfrauen versuchte Esther Darrow, durch Handarbeiten etwas zum täglichen Leben beizusteuern. Charles Darrow besann sich auf seine handwerklichen Fähigkeiten, die sich nicht bloß auf Heizungsreparaturen beschränkten, und schaffte sich eine Stichsäge an, um auf Bestellung von Freunden und Bekannten Spielzeug herzustellen. Trotzdem schenkte die Krise dem Ehepaar mehr Muße, als ihm lieb war. Beide waren keine Kinder von Traurigkeit.

6 *Überhaupt nicht deprimiert in Zeiten der Great Depression: Franklin D. Roosevelt (1882–1945), 32. Präsident der USA*

Man musste den Gürtel enger schnallen, aber was sprach dagegen, die viele Freizeit mit alten und neuen Freunden zu verbringen? Zu ihnen gehörten seit 1932 auch Charles und Olive Todd. Charles Todd, der sich als Baufachmann auf die Renovierung von Hotels verlegt hatte, kannte Esther Darrow noch von der Schule her; inzwischen war er mit seiner Frau nach Germantown gezogen, und zu viert nahm man die Verbindung wieder auf. Allerdings: Was konnte man unternehmen? Vier fröhliche Leute wollten bei Laune gehalten werden, kosten durfte das in diesen schweren Zeiten aber nichts. Man fand schnell eine Lösung. Alle vier liebten Gesellschaftsspiele. Und ihr Favorit wurde schnell das *Atlantic City Game*, das Charles Todd unlängst von anderen Freunden gelernt hatte und nun den neuen Weggenossen beibrachte.

Traum einer Quäkerin

Atlantic City – die Küstenstadt in New Jersey war in den Dreißiger Jahren noch nicht das lärmende, bunte und überfüllte »Las Vegas des Nordens«, zu dem es seit 1978 nach der Freigabe des Glücksspiels geworden ist. Der Name stand damals noch für ehrbares Strand- und Badevergnügen, für Beschaulichkeit und einen Anflug von Exklusivität. Seit dem Ende des Bürgerkriegs hatte sich das einstige Fischerdorf Schritt für Schritt zum Erholungsort für Großstädter entwickelt. Vor allem das Bürgertum Philadelphias, der nur 60 Meilen entfernten Stadt, stellte das sommerliche Publikum. Um 1870 war es gelungen, die beiden Hindernisse aus dem Weg zu räumen, die der Karriere zum eleganten Seebad noch entgegenstanden: die Moskitoplage und die unwegsame Strecke zwischen Siedlung und Strand. Abhilfe gegen beides schuf der Bau des ersten Boardwalk, einer künstlichen Strandpromenade,

7 *Eleganz war Pflicht in Atlantic City. Heute ist das einstige Seebad zum »Las Vegas des Nordens« geworden.*

deren Stelzenkonstruktion sowohl die unebenen Dünen als auch die dazwischen eingestreuten Wasserlöcher einfach überquerte und mit ihrem Plankenbelag einen ebenen Spazierweg schuf, auf dem man sich endlich auch in eleganter Toilette sehen lassen konnte (Abb. 7). Wer wohlhabend genug war, ging nicht einfach spazieren, sondern ließ sich von schwarzen *boys* in kleinen Rollwägelchen sitzend über den Boardwalk schieben (Abb. 8). Weiße Tüllgarderoben, breitkrempige Hüte und kokett gedrehte Sonnenschirme belebten das Bild, unzählige Hotels und Pensionen säumten sowohl die Spaziermeile als auch Straßen und Plätze in den vielen Neubauquartieren – angefangen bei Luxusherbergen wie dem berühmten »United States« bis hin zum einfachen *boarding house*, das die Vergnügungen des Sommeraufenthalts auch für Minderbegüterte erschwinglich machte. Besonders in den Jahrzehnten zwischen 1870 und der Jahrhundertwende durchlief Atlantic City die Entwicklung zum – beinahe – klassenlosen Ferienquartier, nachdem der Anschluss an mehrere große Bahnlinien die Verbindung bis hin nach New York entscheidend verkürzt hatte. Lag die Zahl der ansässigen Bevölkerung bei ungefähr 5 000, so brachte es Atlantic City im Sommer auf bis zu 65 000 Bewohner. Auch für Wochenendtouristen wurde der Ort zunehmend attraktiv, besonders nachdem ein findiger Investor 1882 den ersten *amusement pier* mit Tanzflächen, Showbühnen, Restaurants und Bars errichtet hatte. Nach der Jahrhundertwende kamen eine elektrische Strandbeleuchtung und wenig später die ersten Lichtspielhäuser hinzu.

Atlantic City hatte den Schritt in die Moderne geschafft, aber es waren die gesellschaftlichen Traumata Amerikas im frühen 20. Jahrhundert, die nach nur wenige Jahrzehnte

8 *Eine entspannte Spazierfahrt? Das Urbild der gefürchteten »Schlossallee«-Karte.*

langer Prosperitätsphase beim Niedergang des immer noch harmlos-beschaulichen Strandparadieses Pate standen: zunächst die Prohibition – 1919 bundesweit eingeführt –, und dann, seit 1929, die Great Depression. Führte das Alkoholverbot in Atlantic City wie auch anderswo zu illegalen Brennereien und Sauflokalen, zu organisierter Kriminalität und Bestechungsskandalen großen Stils, was das traditionelle Publikum zunehmend abschreckte, so ließ die Wirtschaftskrise Ferienaufenthalte jeder Art zum unerreichbaren Traum werden – obwohl die Tatsache, dass Roosevelt 1933 im Interesse der Steuereinnahmen der Prohibition das ersehnte Ende bereitet hatte, dem Tourismus eigentlich hätte zugute kommen müssen. Der Traum vom Urlaub, die nostalgische Erinnerung an unbeschwerte Strandaufenthalte bei wohlgefüllter Ferienkasse, konnte beim abendlichen Spiel der beiden Ehepaare in Germantown wieder aufleben.

Das *Atlantic City Game* war freilich in keinem Geschäft zu kaufen. Charles Todd hatte sein Unikat nach dem ebenfalls handgemachten Exemplar, das ihm vor einiger Zeit offenbar zufällig begegnet war, auf dunkelblauem Wachstuch angefertigt (Abb. 9). Um ein leeres Mittelfeld waren auf allen vier Seiten schematisch je neun Felder eines Laufspiels abgeteilt, mit farbigen Ecken zu Gruppen zusammengefasst und ziemlich unbeholfen beschriftet: Straßennamen aus Atlantic City wie Oriental Avenue, Vermont Avenue oder Med. (für Mediterranean) Avenue wechselten mit Bahnhöfen ab, dazwischen eingestreut Felder für *Chance* und für *Community Chest*. Für jeden, der bislang noch an den lauteren Erfindergeist Charles Darrows glaubte, bricht spätestens jetzt eine Welt zusammen. 1932, drei Jahre vor Ausstellung der imposanten Patenturkunde, war offenbar das ganze Monopolyspiel einschließlich der Straßennamen, der Chance- und Gemeinschaftsfelder – die den Spieler auf die berüchtigten Kartenstapel in der Spielfeldmitte verweisen – und sogar den Start- und Gefängnis-Ecken fix und fertig vorgebildet; allein der Name fehlte. Wenn Charles Todd aber der wahre Erfinder gewesen ist, warum schöpfte er keinen Verdacht, als Darrow sich sein Spiel auslieh, um es angeblich für den

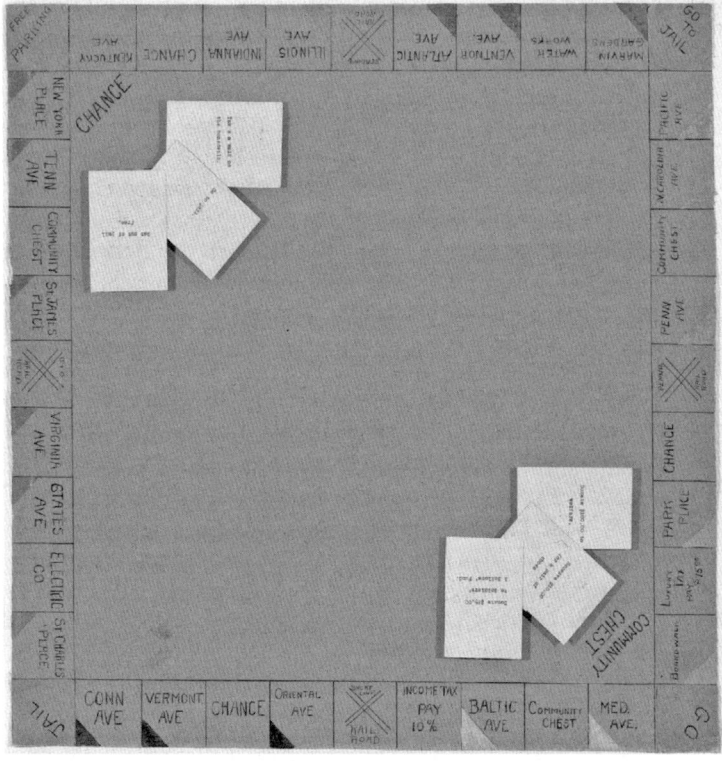

9 *Charles Todd passte* The Landlord's Game *den Verhältnissen von Atlantic City an – und machte mit seinem Spiel großen Eindruck auf seinen Freund Charles Darrow.*

eigenen Gebrauch zu kopieren? Und warum – mag er anfangs noch gutgläubig gewesen sein – kämpfte er nicht spätestens dann für seine Rechte, als Parker Brothers Monopoly auf den Markt brachten und gemeinsam mit Freund Darrow reich damit wurden?

Monopoly-Historiker wie Philip E. Orbanes haben diese Frage längst aufgeklärt. Nicht nur Charles Todd, auch unzählige andere haben vor ihm bereits das beliebte Spiel um Grundstücksinvestitionen, unerwartete Steuerforderungen und unfreiwillige Gefängnisaufenthalte gespielt, dem die Straßen von Atlantic City nur auf den ersten Blick die Identität einer tatsächlichen Stadt verleihen. Streng genommen hatte das Seebad mit dem Spiel nämlich wenig zu tun; Todd war lediglich in einem Kreis darauf gestoßen, der aus Atlantic City stammte und so der nostalgischen Idee verfallen war, die Spielfelder nach dem gemeinsamen Heimatort zu benennen. Todd scheint sich in Atlantic City nicht einmal besonders gut ausgekannt zu haben, veränderte er doch die Schreibweise von Marven Gardens, einer hübschen Straße an der Peripherie des Badeorts, irrtümlich in *Marvin* Gardens – ein Fehler, der, wie sich herausstellen wird, für die Geschichte Monopolys einige Bedeutung hat.

Das Spiel, das man mit einigem Recht als Ur-Monopoly bezeichnen kann, ist erheblich früher entstanden als in den 1930er Jahren, nämlich um die Wende vom 19. zum 20. Jahrhundert. Es hieß *The Landlord's Game* (Das Grundbesitzerspiel), und seine Schöpferin war die Stenografin Elizabeth (»Lizzie«) Magie Phillips (1866–1948) aus Chicago, Illinois, die später meist in Washington lebte. Stenograph – das war im 19. Jahrhundert ein anspruchsvoller Beruf, der begabte und intelligente Leute anzog, wenn sie aus Geldmangel oder anderen Gründen nicht studieren konnten. Manche Weltverbesserer verdienten ihr Brot als Stenographen, so Ebenezer Howard (1850–1928), Erfinder und leidenschaftlicher Propagator der Garden City. Am 5. Januar 1904 ließ Elizabeth Magie ihr Spiel patentieren – als erstes Brettspiel überhaupt –, und nach Ablauf der zwanzigjährigen Schutzfrist erwirkte sie am 23. September 1924 ein neues Patent für eine überarbeitete Fassung. Nennenswerte Produktionsziffern hat Lizzie Magies Spiel nie erreicht, aber zahlreiche handgefertigte Kopien und Editionen in kleinen Auflagen zirkulierten bis in die 1930er Jahre hinein an verschiedensten Orten der amerikanischen Ostküste. Ihrem ersten Patentantrag hat Lizzie Magie eine Planskizze des Spiels beigefügt (Abb. 10). Das quadratische Spielbrett erinnert an einen Festungsgrundriss: Zwischen die vorspringenden, bastionsartigen Eckfelder sind vier Flügel eingespannt, die sich in je neun schmale Felder aufteilen.

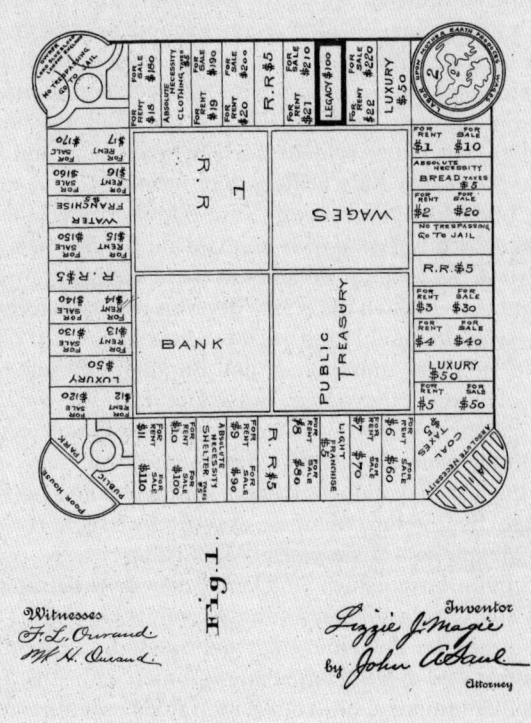

10 *Ältere Rechte? Lizzie Magies Patent für* The Landlord's Game *von 1904.*

Sie stehen für Grundstücke – private und öffentliche, darunter auch Bahnstrecken und eine Goldmine –, verpflichteten aber fallweise auch zur Steuerzahlung oder zu Spenden für wohltätige Zwecke. Die Mitte ist durch ein Kreuz in vier größere Felder gegliedert. Die Spielidee, wie Magie es in ihren Patentanträgen von 1904 und 1924 formulierte, sei *educational in its nature* – »ihrem Wesen nach erzieherisch«.

Acht Grundstückskarten wurden unter die Spieler verteilt, die restlichen blieben vorerst in der Spielfeldmitte gestapelt und konnten später gekauft werden. Kompliziert wurde die Sache, wenn man bedenkt, dass es erheblich mehr Besitzkarten als Spielfelder gab. Der gesamte im Spiel versammelte Grundbesitz war auf dem Spielfeld also nur zum Teil repräsentiert. Außerdem wurden verschiedenfarbige Spielsteine und kleine Fähnchen mit den Aufschriften *Improvement* (Land in Bearbeitung) oder *No Trespassing* (Kein Betreten für Unbefugte) an die Spieler ausgegeben; sie konnten auf Grundstücke beziehungsweise Besitzkarten geheftet werden. Vom gemeinsamen Startpunkt aus rückten die Steine der Mitspieler entsprechend einer gewürfelten Zahl rund um das Spielfeld vor. Ein Ziel gab es nicht, vielmehr musste man den Rundkurs immer wieder neu absolvieren. Dies war ein Novum für damalige Spiele und wurde später zu einem der Gründe, warum Parker Brothers Monopoly zunächst ablehnten. Wer durch Würfelglück auf ein Grundstück kam, konnte es kaufen, verkaufen oder in (kostenpflichtige) Bearbeitung nehmen, es sei denn, es gehörte bereits einem Mitspieler – dann wurde Miete fällig.

Auf einem Grundstück angelangt, das nicht betreten werden durfte, wanderte man zwangsweise ins Gefängnis *(poorhouse)*. Eines der Eckfelder trägt außerdem die Aufschrift *No trespassing – go to jail* (Durchgang verboten, gehe ins Gefängnis). Bei Geldmangel oder aus anderen Gründen konnte ein Spieler Grundstücke, die er besaß, auch meistbietend unter den Mitspielern versteigern. Die Bank belegte eines der Mittelfelder, insgesamt waren 6600 Dollar im Spiel. Sieger war, wer als erster ein Vermögen von 3000 Dollar erworben hatte.

Wo verbirgt sich in diesem recht vertrackten Spiel, das seinem Verlauf und seiner Logik nach vielfach auf Monopoly vorausweist, der pädagogische Impuls? Man hat immer wieder darauf verwiesen, dass Lizzie Magie sich der ökonomischen Lehre von Henry George (Abb. 11) eng verbunden fühlte. Ihr Vater war Mitarbeiter und Schüler des einst überaus erfolgreichen, ja populären Autodidakten und Wirtschaftstheoretikers gewesen. George stammte aus Philadelphia; zu den Lebensläufen anderer Frühsozialisten wie Karl Marx, William Morris oder Joseph Proudhon zeigt sein Werdegang manche überraschende Parallele auf. Ein begonnenes Studium blieb ohne Abschluss, danach lebte George als freier Journalist in San Francisco. Für kurze Zeit brachte er es dort zum Redakteur der Arbeiterzeitung *The Standard*, bevor er 1881 mit seiner Familie nach New York umzog, um im Jahr 1886 zwar ohne Erfolg, aber mit achtbarem Resultat als Bürgermeister zu kandidieren – etwa ein Drittel der Stimmen konnte er auf sich versammeln.

11 *Wohlmeinend, aber der schnöden Welt kaum gewachsen: Henry George (1839–1897) erfand die* single tax *als Allheilmittel gegen Krisen.*

Schon früher hatte George die sozialen Missstände New Yorks angeklagt, insbesondere die provozierende Nachbarschaft von exzessivem Reichtum und bitterer Armut, die er als Schande und Versagen amerikanischer Politik geißelte. Die Beschäftigung mit sozialer Ungleichheit war es, die ihn zu seiner eigenwilligen Wirtschafts- und Steuertheorie führte und ihn sein damals weltweit verbreitetes Werk *Progress and Poverty* (Fortschritt und Armut) verfassen ließ. 1879 erstmals erschienen, wurde es in 14 Sprachen übersetzt und erreichte eine Gesamtauflage von vier Millionen. Henry George zählte damit zu den erfolgreichsten Gesellschaftstheoretikern und utopischen Sozialisten des 19. Jahrhunderts.

Seine Lehre – in Amerika kurzerhand *Georgism* genannt – ist kein konsistentes Theoriegebäude, wie es etwa Karl Marx im *Kapital* von 1867 entworfen hatte. Er selbst gestand mit einem gewissen Stolz, die führenden Wirtschafts- und Sozialtheorien seiner Zeit nicht einmal gekannt zu haben, als er die Arbeit an seinem Buch begann und der empörenden Einkommens- und Vermögensschere in den USA den Kampf ansagte. Das mag stimmen oder nicht – entscheidend ist, dass es der unangreifbare Status des Propheten war, den er für sich in Anspruch nahm. Nichts weniger als *the remedy* – das Heilmittel – gegen alle möglichen Elendssymptome der Gegenwart versprach er gefunden zu haben. Dabei sei er nur »der Bahn des eigenen Denkens gefolgt«, bis ihm 1869, so George, die unverhoffte »Erleuchtung« zuteil geworden sei, wie man der katastrophalen Zustände Herr werden könne. George, dessen Vater Schriften der Episcopal Church herausgegeben hatte, hing zwei niemals erschütterten uramerikanischen Glaubenssätzen an – der Freiheit des Individuums auf der einen, der göttlichen Gerechtigkeit auf der anderen Seite. Beidem zu seinem Recht zu verhelfen, sah er mit fast schon sektiererischer Insistenz als seine eigentliche Sendung; und die Simplizität, ja geradezu phänomenale Eindimensionalität der Schlüsse, die er aus seinen Beobachtungen zog, taucht seine Theorie zusätzlich in das Licht religiöser Heils- und Offenbarungslehren.

Henry George zufolge lag das Übel der Gegenwart einzig und allein in der ungerechten Verteilung des Bodens, der eigentlich Gottes Gabe an die ganze Menschheit sei. Den Boden nicht etwa umzuverteilen, sondern neu zu besteuern – das war der Weg, der die Menschen unfehlbar zum Heil führen müsse. Mit seiner Single Tax Theory forderte er nicht weniger als eine exklusive Grundsteuer, die sich allein nach den Dimensionen des Landbesitzes, nicht nach dessen Ertrag zu richten habe und so auf einen Schlag alle bislang erhobenen Steuern auf Kapital, Arbeit und Produktivvermögen überflüssig machen würde.

Seine Großstadtkritik war durchgreifend, wobei einzelne seiner Beobachtungen immer noch modern anmuten: »Es gibt

Baugrundstücke, bei denen der Besitzer aus jedem Fuß der Straßenfront mehr Gewinn zieht als ein durchschnittlicher Handwerker verdienen könnte; es gibt Baugrundstücke, deren Verkaufspreis höher ist, als wenn man sie mit Goldmünzen pflastern würde. In den Hauptstraßen stehen Hochhäuser aus Granit und Marmor, Eisen und Glas, im aufwendigsten Stil verkleidet und mit jedem Komfort ausgestattet. Und doch sind sie nicht so viel wert wie der Grund, auf dem sie stehen – dasselbe Land, das völlig wertlos war, als der erster Siedler kam. [...] Der wertvollste Boden der Welt, der Boden, der die höchste Rendite bringt, zeichnet sich nicht durch Fruchtbarkeit aus, sondern durch den besonderen Nutzwert, den er dem Bevölkerungswachstum verdankt.« Die Ökonomie der modernen Metropolen ist hier treffender erfasst als in vielen anderen Werken der zeitgenössischen Großstadtkritik. Hätte man die Entkoppelung des Grundeigentums von seinen natürlichen Ertragsmöglichkeiten und damit die grundlegende Differenz zwischen ländlichen und städtischen Bodenrenditen präziser beschreiben können?

Kein Zweifel also, dass Henry George ein scharfsinniger Diagnostiker war. Naiv hingegen wirkt die Erwartung, eine einzige Maßnahme, die exklusive Besteuerung privaten Grundeigentums bei Abschaffung aller anderen Steuern, werde sämtliche beklagenswerten Zustände zum Besseren wenden und so den gerechten Intentionen des Weltenschöpfers wieder Geltung verschaffen. Einerseits, so George mit immer neuer Insistenz, würde die *single tax* die breite besitzlose Bevölkerung von drückenden Abgaben entlasten, andererseits die verhängnisvolle Bodenspekulation durch Vermögende verhindern. Nicht zu reden davon, dass sich das Angebot auf dem Grundstücksmarkt schlagartig vermehren werde und zudem die Bodenpreise unfehlbar fallen müssten, da ja Wertsteigerung durch Spekulation zuverlässig verhindert werde. Ungestellt blieb – und bleibt bei Georges Anhängern bis heute – nur die Frage, welcher Anlagewillige sich denn überhaupt noch für Land interessieren soll in diesem fragwürdigen Paradies, das Steuern einzig und allein auf Grundbesitz erhebt und so den Grundbesitzer gegenüber dem Unternehmer oder

Aktionär unweigerlich zum Verlierer machen, wenn nicht in den Ruin führen wird.

Henry George stand in seinem unbeirrbaren Glauben an die Einheitssteuer dennoch nicht allein. Ihm lange vorausgegangen waren die Physiokraten – jene aufklärerische nationalökonomische Schule, die in Frankreich und der Schweiz bereits in den Jahren um die französische Revolution einen Platz gefunden hatte. Schon François Quesnay (1694–1774), Victor Riqueti (Graf von Mirabeau, 1715–1789) und deren Mitkämpfer waren energisch für eine Alleinsteuer eingetreten, die ausschließlich von Grundeigentümern getragen werden sollte. Schon damals hatte die Einfachheit dieser Theorie verlockt und selbst in etablierten Kreisen Anhänger gefunden – am Vorabend der Industrialisierung allerdings, als von den ungeahnten Ertragsmöglichkeiten moderner Produktivwirtschaft noch kaum jemand wusste. So engagierte die Universität Basel 1776 den bekannten deutschen Physiokraten Johann August Schlettwein als Professor; der Landgraf von Hessen machte den streitbaren Fürstenkritiker ein Jahr später sogar zum Dekan der ökonomischen Fakultät in Gießen. Verglichen mit diesen Vorläufern bestand die wesentliche Modernisierungsleistung Henry Georges sicherlich darin, von der noch ganz agrarisch geprägten Betrachtungsweise des 18. Jahrhunderts zu einer Ökonomie zeitgenössischer Metropolen vorgedrungen zu sein. Andererseits waren diejenigen, die sich nach ihm noch für eine praktische Umsetzung seiner Lehre engagierten, hauptsächlich esoterisch angehauchte Künstler und Intellektuelle, die sich in der öffentlich kaum bemerkten Gründung wohlmeinender Initiativen versuchten – wenn auch mit bemerkenswerter Hartnäckigkeit. Eine Stiftung im schweizerischen Arlesheim, einem Zentrum anthroposophischer Lehre, hält die Schriften Henry Georges nach wie vor in Ehren. Und die noch immer existierende, nur 500 Einwohner zählende Siedlung Arden im Staat Delaware (Abb. 12), gegründet im Jahr 1900 durch den idealistischen Architekten Will Price, wurde nicht zuletzt dadurch berühmt, dass sie ungeachtet der staatlichen und föderalen Steuergesetzgebung, aber getreu Henry Georges Lehre, bis heute die Praxis der *single tax* durchsetzen konnte.

Ausgerechnet die Künstlerkolonie Arden war es, die Lizzie Magie, Spielerfinderin und Tochter eines eingefleischten Georgisten, nach 1905 mehrfach als Ferienquartier wählte. *The Landlord's Game* wurde dort häufig und gern gespielt. Warum eigentlich? Voreilig hat man aus der Fortüne des Spiels und aus der Herkunft der Schöpferin geschlossen, *The Landlord's Game* sei ganz und gar der Propaganda der Einheitssteuer gewidmet gewesen. Dagegen spricht nicht nur das Fehlen jeden offenen Hinweises auf George und die *single tax* in Magies Patentanmeldung, sondern auch die Analyse des Spiels selbst. So versetzen die etwas konfusen Regeln die Mitspieler in ein ökonomisches System, das im Einzelnen gar nicht nach Henry Georges Land- und Steuermaximen funktioniert, sondern ihnen teilweise sogar widerspricht – beispielsweise sind auf Luxusgüter und Kohle Steuern zu entrichten, aber ausgerechnet nicht auf Landbesitz! Stattdessen üben Regeln und Spielverlauf in wirtschaftsliberale Verhaltensmuster ein. Die Grundstücke kann man nach dem Zufallsprinzip eines Laufspiels, in dem der Würfel über das Vorrücken entscheidet, kaufen oder nach Belieben meistbietend losschlagen, ohne dass Abgaben fällig würden. Und jedermann steht es frei, an öffentlichen Einrichtungen wie Wasser- und Elektrizitätswerk Franchise-Rechte zu erwerben. Das wäre zwar auch laut Henry George nicht ausgeschlossen gewesen, aber die *single tax* orientierte ökonomisches Handeln stets auf einen legitimierenden Zweck: die Überwindung der Bodenspekulation.

12 *Idylle pur dank* single tax*: ein Künstlerhaus in Arden, Delaware, der einzigen »georgistischen« Gemeinde der Welt.*

Was bei Elizabeth Magie allerdings mit georgistischer Wirtschaftstheorie nahtlos übereinstimmte, und zwar mit deren reduktiver Einseitigkeit, war die völlige Vernachlässigung des produktiven Sektors und der Dienstleistungen. Fabriken,

Läden, Anwaltskanzleien oder Arztpraxen suchte man im Kosmos von *The Landlord's Game* vergebens. Und um den Entwurf einer Welt – nicht nur die Abbildung eines bestimmten funktionalen Ausschnitts – handelt es sich bei diesem Spiel zweifellos. Immerhin zeigte das Startfeld, das man beim Umrunden des Bretts immer wieder passieren musste, in einem doppelt gerahmten Medaillon eine Art Weltkarte, die wie das Emblem des Spieles wirkt. Allen Spielern wurden hier regelmäßig zwei Dollar Lohn für die Arbeit an Mutter Erde *(Labor upon Mother Earth produces wages)* ausgezahlt, wie die Umschrift in der Art eines Wappenspruchs verkündet.

Ob Lizzie Magie selbst überhaupt eine so glühende Anhängerin Henry Georges gewesen ist, wie es für ihren Vater zutraf, wissen wir nicht mit letzter Sicherheit, dazu ist von ihrer Person zu wenig bekannt. Fest steht allerdings, dass Magie Quäkerin war: mit tiefster Überzeugung und missionarischem Impuls. Und das Bekenntnis zur Society of Friends – wie sich diese auf emanzipatorische Werte gerichtete Religionsgemeinschaft seit der Gründung durch den Engländer George Fox im Jahr 1650 nannte – hat in Magies Spiel- und Weltentwurf durchaus handfeste Spuren hinterlassen. Viele Quäker waren schon früh aus England in die amerikanischen Kolonien geflohen, wo sie ihren Glauben besonders erfolgreich entwickeln und später zumindest teilweise auch in die Formung einer politischen und staatlichen Ideologie der USA einbringen konnten. Quäkerischen Überzeugungen wollte Magie mit ihrem Spiel ganz gewiss Geltung verschaffen.

So kann man es programmatisch nennen, dass in ihrer Welt keine physischen Verweise auf Religion existieren – es gibt weder Kirchen noch Sonntags- oder andere Schulen, die im Amerika des 19. Jahrhunderts in aller Regel auch der religiösen Erziehung dienten. Gerade die entschiedene Absage an institutionalisierte Religion, Priesteramt und Kirchenbau eingeschlossen, gehört zu den Grundfesten des quäkerischen Bekenntnisses. Dass es in ihrem Spiel zugleich an Theatern oder Konzerthallen fehlt, kann man mit der Ablehnung weltlicher Vergnügungen durch die Quäker – die sich lange Zeit auch grau kleideten und auf konventionelle Höflichkeit verzichteten – mühelos erklären. Andererseits wurde der Glaube an die Gleichheit aller Geschöpfe und die Verpflichtung der Leistungsfähigen auf soziale Fürsorge überaus ernst genommen. So erstaunt es wenig, dass jeder Spieler von *The Landlord's Game* zu Abgaben gezwungen wurde, um drückende soziale Not zu lindern – auf den entsprechenden Feldern musste man als Obdachlosenhilfe oder Kleiderspende den gar nicht kleinen Betrag von fünf Dollar springen lassen.

Schließlich hatte auch die Einstellung der Quäker zu Fragen des Grundbesitzes und der öffentlichen Abgaben, wie die Geschichte der Society of Friends zeigt, sich noch nie nahtlos mit geltenden politischen Normen gedeckt. Der konsequent pazifistischen Grundhaltung des Quäkertums getreu – »liebe Deine Feinde«! –, wurden Steuerzahlungen stets dann verweigert, wenn sie der Finanzierung von Kriegen dienen sollten; auch die Planung von Kirchenbauten aus öffentlichen Mitteln konnte glaubensstarke Quäker zu Rebellen werden lassen, die sich der Steuerpflicht entschlossen widersetzten. Die grundsätzliche Ablehnung der Sklaverei, im 19. Jahrhundert von zahlreichen Quäkern bis hin zum konspirativen Schutz Flüchtiger, ja zu illegalen Befreiungsaktionen praktiziert, hatte schon früh zur Erprobung und Entwicklung alternativer Konzepte der Bodenbewirtschaftung geführt. Das galt vor allem für die großen Ländereien Pennsylvanias, das 1681 von William Penn als Freistaat für Quäker und andere verfolgte Glaubensgemeinschaften gegründet worden war; ein Jahr später

13 *Lucretia Mott (1793–1880), standfeste Quäkerin, half Unterdrückten und führte zu ihren besten Zeiten die Frauenbewegung der USA an.*

erwarb Penn zum selben Zweck auch den späteren Bundesstaat Delaware. Um 1850 erreichte das freiheitliche und auf breiter Front Gleichstellung fordernde Engagement der Quäker einen vorläufigen Höhepunkt im Wirken von Lucretia Mott (Abb. 13), die in Philadelphia lebte. Als unerschrockene Aktivistin des *abolitionism*, der Bewegung zur Abschaffung der Sklaverei, setzte sie 1848 als Galionsfigur des ersten gesamtamerikanischen Frauenkongresses die Seneca Falls Convention for woman's rights durch, einen Grundsatztext der politischen Frauenbewegung mit Wirkung bis in die Gegenwart.

Wie alle und erst recht alle guten Spiele war also auch Lizzie Magies *Landlord's Game*, Archetyp der Wirtschaftsspiele überhaupt, alles andere als die buchstabengetreue Umsetzung einer vorgefertigten Ideologie. Keineswegs auf einen Triumph des Georgismus bedacht, wollte Magie trotz der pädagogischen Inbrunst, die sie bewegte, zu allererst ein unterhaltsames Spiel erschaffen. Zwar waren es bestimmte gesellschaftliche Annahmen, politische Denkmuster und humanitäre Überzeugungen, die Magies Spiel den Traditionen des Georgismus und des Quäkertums verdankte, aber das Ergebnis wirkt bis heute alles andere als vorgestanzt. Originell war *The Landlord's Game* allemal – mit einer skurrilen Note, die das Spiel keineswegs unsympathisch macht, seiner erfolgreichen Vermarktung aber von Anfang an entgegenstand.

Von Schönheit und Niedertracht

Eine messbare Auflage erreichte die Schöpfung der Quäkerin nie, doch in Vergessenheit geriet sie ebenso wenig. Vor allem im intellektuellen Ambiente der Ostküste – Universitäten eingeschlossen – konnte sich *The Landlord's Game* eine gewisse Sympathie erwerben und sogar auf einige Zeit bewahren, vielleicht gerade weil das Spiel so wenig angepasst wirkte und mit seinen merkwürdigen Erfindungen auch zu unfreiwilliger Komik Anlass gab. Im Umlauf waren fast ausnahmslos handgefertigte Kopien, die je nach Bedarf Veränderungen in Regeln und Spielablauf erlaubten; 1906 und 1932 erschienen allerdings auch Editionen des Originals, deren Auflagen freilich klein blieben und so gut wie kein kaufwilliges Publikum fanden.

Es mag die latent quäkerische Prägung gewesen sein, die *The Landlord's Game* ausgerechnet in Philadelphia, an der Wharton School of Finance der University of Pennsylvania, in den Jahren vor dem Ersten Weltkrieg so beliebt machte. Der Ökonom und unangepasste Sozialist Scott Nearing (Abb. 14) etwa, zeitweise Mitglied der kommunistischen Partei und deswegen mehrfach aus seinen Lehrämtern entlassen, brachte seine nach eigenen Vorstellungen modifizierte Kopie gern ins Seminar mit, als er an der Wharton School lehrte (1906–1915). Offenbar animierte er seine Studenten dazu, nicht nur einzelne Felder, sondern ganze Gruppen von Grundstücken und Nutzungsrechten zu kaufen. Sicherlich sollte das Spiel aus seiner Sicht die negativen Aspekte kapitalistischer Bodenwirtschaft unterstreichen. Es waren Nearings Studenten, die – so Philip E. Orbanes – das Lieblingsspiel ihres Professors als erste mit dem Spitznamen »Monopoly« belegt haben sollen. Roy Emerson Stryker (1893–1975), Ökonom und als Agrarpolitiker während der Depression einer der einflussreichsten Mitarbeiter Franklin D. Roosevelts, führte Nearings Ideen in einer eigenen – wieder handgefertigten – Version des Magie-Spiels aus dem Jahr 1927 weiter. Dieses Spiel fasste nicht nur Grundstücke zu Gruppen zusammen, sondern markierte sie auch farbig und schuf die Möglichkeit, durch Bebauung die Rendite zu erhöhen.

14 *Scott Nearing (1883–1983), ein streitbarer Professor, der mit seinen Studenten Finanzspiele übte. Aufnahme von 1917.*

Kleine, liebevoll ausgeschnittene und bemalte Kartonfassaden wurden entsprechend auf den einzelnen Feldern plaziert.

Nach all dem, was eifrige Forschung zur Vorgeschichte Monopolys zusammengetragen hat, scheint es keinen Zweifel mehr zu geben: Charles Darrows sogenannte Erfindung war ein Plagiat! Von der Grundidee des Spiels bis zu den Regeln, von der Geometrie bis zum Gefängnis, von den Straßennamen bis zu den Häusern – all das war in der kurzen, aber lebhaften Tradition der amerikanischen Finanzspiele seit etwa 30 Jahren vorgebildet, als Darrow sein Produkt an Parker Brothers verkaufte. Ob ihm bei der Unterzeichnung des Lizenzvertrags am 19. März 1935 die Hand gezittert hat? Wir wissen es nicht. Jedenfalls waren sich Parker Brothers über den juristisch schwankenden Grund, auf dem ihr Vertragspartner und sie selbst sich mit ihrer Produktion bewegten, durchaus im Klaren. Weshalb sonst hätte Seniorchef George Parker im November 1935 höchstpersönlich nach Washington reisen sollen, um Lizzie Magie – sie war inzwischen 69 Jahre alt und glaubte längst nicht mehr daran, ihr Spiel noch vermarkten zu können – gegen 500 Dollar in bar das Patent an *The Landlord's Game* abzukaufen?

Dass Darrow ein handfester Betrüger gewesen sei, darauf hat sich die Monopoly-Gemeinde, soweit sie irgend kritische Maßstäbe anlegt, mittlerweile geeinigt. Und in der Tat lassen die Umstände, unter denen Darrow sein Spiel entwickelt und auf den Markt gebracht hat, kaum einen vernünftigen Zweifel daran zu, dass er sich für Monopoly aus dem Vorrat längst existierender Spielideen, -regeln und -motive großzügig bedient hat. Allerdings wäre der Beweis, um wirklich hieb- und stichfest zu sein, an den Produkten selbst, den Spielen, zu führen. Gibt es überhaupt unbestechliche Verfahren, Plagiate – die Aneignung fremder geistiger Leistungen – nachzuweisen und das Verhältnis zwischen Vorlage und Kopie objektiv zu beschreiben? Was Texte angeht, ist das heute durchaus der Fall. Digitale Programme, die genau darauf ausgerichtet sind, auch aus großen, heterogenen Textmengen wörtliche Übereinstimmungen herauszufiltern, können die nötigen Nachweise erstaunlich genau führen.

Um die methodischen Fundamente zur Aufdeckung von Plagiaten aufzuspüren, muss man allerdings viel weiter zurückgehen, nämlich zum europäischen Humanismus des 14. und 15. Jahrhunderts, als aus aktuellen Anlässen heraus Qualitäten wie Originalität oder Unverwechselbarkeit überhaupt zum ersten Mal nach näherer Definition verlangten. Damals, an der Schwelle zwischen Mittelalter und Neuzeit, war aus der Neuausrichtung von Kunst und Wissenschaft das Kriterium des Schöpferischen erwachsen – und damit ein dringlicher Bedarf, zwischen Original, Kopie und eigenmächtiger Veränderung einer Vorlage schärfer als zuvor zu unterscheiden. Hatte sich doch beim Studium der antiken Autoren, das mit neuem Ernst betrieben wurde, immer deutlicher herausgestellt, dass die verschiedenen Kopien, die zum Beispiel von einem Werk Ciceros in Umlauf waren, an vielen Stellen gar nicht übereinstimmten. Unbezweifelbare Originale standen aus der antiken Vergangenheit so gut wie nie zur Verfügung. Substanzverlust und Verflachung geistiger Schöpfungen durch Überlieferung: Was man über Jahrhunderte als unumgängliche Bedingung der Verbreitung von Texten klaglos in Kauf genommen hatte, ist uns seit den Humanisten, die sich der Wiederherstellung klassischer Latinität und der Sicherung antiker Ursprünge verpflichtet hatten, zum Dorn im Auge geworden. Die Überlieferungsfrage wurde zur Grundlage eines neuen Begriffs der Originalität als Kriterium von Autorschaft; damals erst entstand ein Bewusstsein vom Copyright, wie man es im Grundsatz bis heute kennt. Von den Humanisten wurde auch ein differenziertes Diagnoseverfahren entwickelt, das es erlaubte, aus dem Vergleich mehrerer Textfassungen diejenige herauszufinden, die dem Original am nächsten stand.

Aus dieser vordigitalen Methode der Textkritik, die sich auf den drei Stufen Rezension, Examination und Konjektur abspielt, ist für uns vor allem die erste Phase interessant, die Rezension. Die Sammlung und kritische Sichtung aller Textzeugnisse eines Werkes soll deren jeweilige Rolle in der Textgeschichte bestimmen. Kann uns dieses Verfahren zur Entscheidung, ob es bei der »Erfindung« Monopolys mit rechten Dingen zugegangen ist, heute noch weiterhelfen? Um die Abhängigkeit zwischen verschiedenen Exemplaren zu erkennen, erweisen sich gemeinsame Irrtümer, zum Beispiel offensichtliche Verschreibungen oder Wortverwechslungen, oft als hilfreich – sogenannte »Leitfehler«, die von den Schreibern entweder als solche nicht erkannt und deshalb in immer neue Abschriften übertragen, manchmal aber auch improvisatorisch verbessert wurden, was dann in aller Regel zu neuen Missverständnissen führte. Nicht umsonst werden Leitfehler als sogenannte »Plagiatsfallen« sogar absichtlich in bestimmte Texte – zum Beispiel Lexikonartikel – eingebaut, um eventuellen Plagiatoren leichter auf die Schliche zu kommen. Einen Leitfehler, wir erinnern uns, können wir in der Frühgeschichte Monopolys mit Gewissheit ausmachen: die Verschreibung des Straßennamens Marven Gardens in *Marvin* Gardens. Schon das *Atlantic City Game* von Charles und Olive Todd wies diesen kleinen Schönheitsfehler auf, den Darrow vermutlich ahnungslos übernahm und der sich, angefangen bei seiner ersten handgemachten Kopie, hartnäckig und viele Millionen Mal bis in das heutige Monopolyspiel vererben sollte (Abb. 15).

Natürlich ist der Fehler in der Sache höchst unbedeutend, aber in unserem Zusammenhang stellt er zweierlei klar: einmal, dass Darrow tatsächlich abgekupfert hat, zum anderen, dass er Atlantic City nicht gut genug kannte, um den Fehler zu entdecken, ja dass es ihm auf den speziellen Bezug zu Atlantic City offenbar gar nicht ankam. Was ihm hingegen wichtig erschien, war die Glaubwürdigkeit seines Spiels als Abbild einer, vermutlich irgendeiner Stadt. Atlantic

15 Marvin Gardens *oder* Marven Gardens*? Leitfehler können Plagiate enthüllen oder das, was man dafür hält.*

City sollte nicht – wie noch aus nostalgischen Gründen bei den Todds – als besonderer Ort in Erinnerung gerufen werden, andererseits lieferte es als überschaubares Ferienidyll mit atmosphärisch stimmigen Straßennamen einen positiven Assoziationsrahmen und damit einen nützlichen Baustein, um das ganze Spielfeld als glaubhaftes Gemeinwesen, nicht nur als zufällige Agglomeration von Grundstücken erscheinen zu lassen.

Charles Darrow ist auch sonst in Fragen der Selbstbedienung nicht gerade zimperlich verfahren. Er hat das Urbild von Lizzie Magies Spiel, in welchen Fassungen es ihm auch begegnet sein sollte, ohne erkennbare Skrupel ausgeschlachtet. Wird Monopoly dadurch zum bloßen Machwerk? Ist Charles Darrow Lorbeer zugefallen, der eigentlich der braven Quäkerin gebührt? Zweifel sind trotz allem erlaubt. Schon George Parker muss das Dilemma erkannt haben, war er selbst es doch gewesen, der wenige Monate vor Vertragsabschluss die Übernahme von Monopoly noch entschieden abgelehnt hatte – und dem im Übrigen auch *The Landlord's Game* seit Längerem bekannt war. Warum ist ausgerechnet der Geschäftsmann, der allen Erfolg seiner legendären Nase für vielversprechende Spiele verdankte, innerhalb so kurzer Zeit anderen Sinnes geworden?

Die Wende für den arbeitslosen, aber offenbar nicht hoffnungslosen Darrow brachte das Weihnachtsgeschäft 1934. Roosevelts New Deal war eben erst angelaufen, und die amerikanische Wirtschaft steckte noch mitten in der Depression. Darrow brauchte Geld; woran es ihm hingegen überhaupt nicht fehlte, war Zeit. Eine Stichsäge besaß er, Farbe und Pinsel waren im Haus, das Wachstuch, das seine Frau zur Schonung über den Küchentisch breitete, wurde kurzerhand zweckentfremdet – schon konnte das erste Monopoly-Spiel entstehen. Bereits dieses Ur-Monopoly muss weit mehr gewesen sein als eine bloße Kopie nach Charles und Olive Todds *Atlantic City Game*; vielleicht ist die erste Fassung – man denke an das Tischtuch! – sogar in der runden Variante überliefert, die früher zur Malcolm Forbes Toy Collection gehörte (Abb. 16). Jedenfalls wartet dieses Unikat trotz der ungewohnten Form des Spielfelds schon mit all jenen Elementen auf, die in die

16 *Eine runde Sache: womöglich die erste Monopoly-Variante, 1933 handgefertigt von Charles Darrow.*

endgültige Version eingehen werden: Es gibt 40 Spielfelder mit säuberlicher Beschriftung, die Straßen sind zu Gruppen geordnet und schließen mit farbigen Balken an das freie Mittelfeld an, auf dem sich die Rechtecke für die *Chance*-Karten sowie das *Community Chest* abzeichnen. Auch die Felder in den Achsen tragen schon die gewohnten Beschriftungen *Go* (mit einem Pfeil nach links, der die Laufrichtung anzeigt), *Jail*, *Free Parking* und *Go to Jail*. Allerdings werden sie wegen der egalitären Rundform nicht als effektive Unterbrechungen des Parcours wahrgenommen. Ihre Wirkung als gliedernde und beherrschende Akzente können sie, wie schon im *Landlord's Game*, erst als herausgehobene Eckfelder im quadratischen Spielfeld entfalten. Dem Vorbild Elizabeth Magies treu, wird Darrow deshalb in allen folgenden Exemplaren zum Quadrat zurückkehren. Die Stichsäge ihrerseits kommt von Anfang an zum Einsatz. Mit ihr stellt Darrow die einfachen, blockhaften Häuser und Hotels samt ihren prägnanten Dachüberständen her. Späterhin grün und rot lackiert, werden sie genau auf die farbigen Balken passen, die man als das Bauland Monopolys bezeichnen kann.

Mit einfachsten Mitteln, als klassisches Produkt von Heimarbeit, hat Monopoly also das Licht der Welt erblickt. Stellt man sich Charles Darrows Werkstatt vor, ist man versucht, an die stets neu geleistete Handarbeit des Kopierens zu denken, der die zahlreichen Varianten des *Landlord's Game* schon zuvor ihre Fortüne verdankten. Aber Darrows Vorgehen unterschied sich grundsätzlich von der vergleichsweise harmlosen Praxis des Nachmachens zum Selbstgebrauch, auf die sich Spielversessene wie das Ehepaar Todd oder der Ökonomieprofessor Nearing verlegt hatten. Von Darrow wissen wir nicht einmal mit Sicherheit, ob er selbst gern gespielt hat. Worauf es ihm von Anfang an ankam, war die *Produktion* eines Spiels, das sich in Serie herstellen ließ – und die erforderte weitaus höheren Aufwand. Schon die ersten Monopolys, die er aus Wachstuch, Holz und Karton herstellte – und die in allen quadratischen Varianten von Anfang an im Mittelfeld die Aufschrift »Monopoly« trugen –, waren nicht für den eigenen Gebrauch bestimmt. Darrow verkaufte sie an Freunde und Bekannte und schließlich an einen Kundenkreis aus Germantown und Philadelphia, der dank Mundpropaganda langsam, aber stetig wuchs. Vier Dollar pro Stück waren kein Pappenstiel für die damalige Zeit, aber Darrow ließ sich zunächst nicht dazu bewegen, den Preis herabzusetzen. Er lieferte ein Qualitätsprodukt. Und schließlich, so hat er selbst später bekannt, schaffte er anfangs auch keine größere Stückzahl als ein Spiel pro Tag.

Das Jahr 1934 ist in der Monopoly-Geschichte zum Mythos geworden. Dabei begann es alles andere als leicht für Charles Darrow. Bei der Druckerei Patterson ließ er nach Muster der handgemachten Exemplare 500 Monopoly-Spielbretter herstellen, außerdem das zugehörige Spielgeld in Scheinen (die Magie-Spiele hatten noch Münzen), *Chance*- und *Community*-Karten sowie Geschenkkartons. Mitgelieferte Spielfiguren gab es noch nicht. Darrow wünschte sich, dass stattdessen kleine alltägliche Gegenstände aus dem Haushalt Verwendung fänden – ein Fingerhut zum Beispiel oder ein Spielzeugschiff. Die Häuser wurden nach wie vor zu Hause hergestellt.

Das Ergebnis konnte sich sehen lassen, und trotzdem scheiterte Darrows Angebot an Parker Brothers beim ersten

17 Hier kauft nicht jeder ein. 1910 ließ John Wanamaker sein exklusives Kaufhaus in Philadelphia durch Daniel Burnham neu errichten – einschließlich der größten Orgel der Welt.

Versuch kläglich. Der Absagebrief George Parkers mit der Auflistung von angeblich »52 schwerwiegenden Fehlern«, die Monopoly zum Misserfolg machen würden, setzte seinen Hoffnungen zunächst ein Ende. Aber dann kam der Erfolg. Im Oktober 1934 nahm Wanamaker's Department Store in Philadelphia Darrows Spiel trotz Einwänden gegen den immer noch stolzen Preis – dabei war Darrow schon auf drei Dollar heruntergegangen – für das Weihnachtsgeschäft in Kommission. Ein Spiel im großen Geschenkkarton, das war nach damaligen Begriffen ein Luxusprodukt. Wurde das Zubehör für Gesellschaftsspiele doch üblicherweise in kleinen Schachteln verkauft, während man das Spielbrett separat mit nach Hause nahm. Trotzdem oder vielleicht deswegen: Binnen kurzem war die ganze Auflage vergriffen, Darrow und Patterson gerieten mit der fälligen Neuauflage unter enormen Druck.

Charles Darrow hatte sein Glück gemacht. Denn Wanamaker's war nicht irgendein Warenhaus, sondern eine Institution in Philadelphia. John Wanamaker hatte sein Unternehmen 1876 gegründet – im Gebäude eines aufgegebenen Bahnhofs zunächst, von Anfang an mit Hausrestaurant und bald auch mit elektrischem Licht ausgestattet, geradezu sensationellen Neuerungen nach den Maßstäben der Zeit. Telefon und Rohrpost kamen schnell hinzu. 1910 ließ Wanamaker den berühmten Architekten Daniel Burnham aus Chicago einen zwölfstöckigen Neubau im Stil der italienischen Renaissance errichten (Abb. 17), zu dessen Eröffnung im folgenden Jahr Präsident Taft persönlich anreiste. Um den marmornen Lichthof angemessen auszustatten, erwarb Wanamaker kurzerhand die größte Orgel der Welt, im Jahr 1904 für die Weltausstellung in Saint Louis gebaut. Täglich waren im Warenhaus jetzt Konzerte zu hören, vor Weihnachten fand außerdem ein öffentliches Liedersingen statt, das zum Anziehungspunkt für ganz Philadelphia wurde. Welches Produkt auch immer es ins Sortiment dieser kommerziellen Weihestätte geschafft hatte – es trug das Siegel der Erstklassigkeit.

Über Wanamaker's gelangte eine Tranche der Darrow-Spiele schließlich auch nach New York, und zwar ins Sortiment des exklusiven Spielwarenhändlers F.A.O. Schwarz.

Parker Brothers blieb der Erfolg natürlich nicht verborgen, der dem noch kurz zuvor abgewiesenen Darrow unerwartet zugefallen war. Gleich zu Beginn des neuen Jahres nahm Robert Barton, George Parkers Geschäftsführer und Schwiegersohn, Verhandlungen mit Darrow auf, die im März mit dem Vertragsabschluss endeten. Damit hatte Barton seine Firma, die in der Depression unter erheblichen finanziellen Druck geraten war, nicht nur kurzfristig aus der Bredouille gerettet, sondern ihr auf lange Sicht einen uneinholbaren Vorsprung auf dem Markt gesichert, wie sich bald herausstellen sollte. Aber auch Darrow erwies sich jetzt als gewiefter Geschäftsmann voller Selbstvertrauen. Es gelang ihm, Barton sein Spiel nicht gegen eine Einmalzahlung, sondern auf Provisionsbasis zu verkaufen – was ihn binnen kurzer Zeit zum Millionär aufsteigen ließ.

Monopoly als Produkt – das war der Schlüssel zum Erfolg, der sich in der Tat allein Charles Darrow und nicht Elizabeth Magie und ihren Nachfolgern verdankte. Darrow hatte sich eben nicht damit begnügt, das allenthalben bekannte, in zahllosen Varianten und Exemplaren von zweifelhafter Dauerhaftigkeit kursierende Spiel lediglich ein weiteres Mal zu kopieren. Im Gegenteil: Darrow lieferte ein Serienprodukt mit Anspruch auf Gültigkeit. Statt improvisierter Spielfläche und notdürftig hingeschusterten Gerätschaften, ergänzt durch ausgeklügeltes Regelwerk, bot Monopoly von vornherein Form und Farbe, Plastizität und Gebrauchstüchtigkeit. Ein Monopoly-Spiel war garantiert so gut wie jedes andere. Zweifellos war es von Vorteil, dass Darrow nach Ausbildung und Geschick Handwerker war. Was sich 1934 in Darrows notdürftig ausgestatteter Werkstatt in Germantown ereignet hatte, war nichts anderes als der manuell perfekte Bau eines Modells – statt einer bloß schematischen Zeichnung – und dessen Entwicklung zur Marktreife. Schon der oberflächliche Vergleich von Monopoly und *The Landlord's Game* bringt ans Licht, wo der Unterschied liegt.

Dimension und Proportion, Farbe und Form machen Monopoly zum Produkt seiner Zeit (Abb. 18). Mit etwa 18 inches im Quadrat (45,7 cm; das Maß kann je nach Edition nach oben oder unten abweichen) ist das Spielbrett relativ groß. Es passt auf jeden normalen Tisch, erlaubt aber kaum, zum Beispiel Geschirr daneben stehenzulassen; außer dem Brett beansprucht auch die geräumige Schachtel mit Fächern für Spielgeld, Besitz- und Ereigniskarten, Würfel und Spielfiguren erheblichen Platz. Der Tisch muss also in aller Regel abgeräumt werden, bevor man mit dem Spielen beginnt; es wird zum Ereignis, wenn die Familie sich um Monopoly versammelt. Die Flächenteilung ist klar, das Quadrat bestimmt auch die Binnenkomposition. Das mittlere Karree fällt größer aus, als es von der Funktion her sein müsste und bei allen früheren Spielen war, auch die exakt quadratischen Eckfelder sind geräumig und können als Zäsuren in der Laufbewegung wirksam werden. Gleichfalls weniger beengt als im *Landlord's Game* sind die Lauffelder, sie tragen ihre Beschriftung jetzt quer, so dass sie mühelos abgelesen werden kann. Monopoly braucht Platz, aber es gibt genügend Platz auch *in* Monopoly, das signalisiert die Disposition des Spielbretts schon auf den ersten Blick.

Geometrie und Farbe hat Darrow so eingesetzt, dass sie effektvoll ineinanderspielen. Schon das Wachstuch der ersten Darrow-Versionen brachte jenen blassgrünen Fond mit, der in anderen nationalen Ausgaben später leicht variiert, aber nie

18 *Der Archetyp: Quadratisches Monopoly aus Charles Darrows Werkstatt, um 1933 (ehemals New York, Malcom Forbes Toy Collection)*

aufgegeben wird: Grün, manchmal beige, bleibt Monopolys Grundkolorit. Es ist die Farbe des Terrains – der Architekt Frank Lloyd Wright, von dem noch zu reden sein wird, hätte von Prärie gesprochen –, auf dem sich die Städte Amerikas, die Gartenstädte in aller Welt, kurz die Städte der Moderne erheben. Es ist aber auch die Farbe der Dollarnoten, *greenbacks* genannt, und wird in Amerika mit Geld schlechthin assoziiert – während Darrow sein Spielgeld in bunten Noten drucken ließ, vielleicht um Verwechslungen mit echtem Geld zu vermeiden. Prägnant und in die Komposition eingebunden ziehen die querrechteckigen Farbbalken der Straßengruppen – mal zwei, mal drei Felder übergreifend – eine fortlaufende Spur um das mittlere Karree. Die Farben sind bunt, kräftig, kontrastierend eingesetzt. Balkenfreie Felder werden so plaziert, dass sich wechselnde rhythmische Effekte in der Abfolge ergeben, wobei es nur auf einer Seite, der dritten von Los aus gesehen, zu übergreifender Symmetrie farbiger und nichtfarbiger Felder kommt. Die Farbspur, deren Leuchtkraft durch Aufstellung der grünen und roten Gebäude noch verstärkt wird, ist das zusammenbindende Element in der Gestaltung Monopolys. Sie transportiert die Wirkung der zirkulären Spieldynamik in die Form des Spielbretts, das so nicht nur als Grundriss, sondern immer auch als Bewegungsfeld zur Wirkung kommt. Es liegt wesentlich am bewusst aufeinander bezogenen Einsatz von Farbe und Geometrie, dass Monopoly das Bild einer zusammengehörigen und auch durchschreitbaren Stadt ergibt.

Als Äquivalent der sachlichen Formgebung bietet sich die typographische Gestaltung dar. Der Schriftzug »Monopoly« – Spieltitel, Stadtname und vorweggenommenes Ergebnis zugleich – steht seit den ersten Experimenten der Darrow-Werkstatt in serifenlosen Versalien, in moderner Schrift also, in der Mitte des Spielfelds. Auch die Beschriftung der Lauffelder, die notwendige Informationen für den Spieler liefert, indem sie die Straßennamen und seit der britischen Ausgabe auch die Preise nennt, fällt kompromisslos sachlich aus. Spärlich, aber stets auffällig werden Symbole eingesetzt, sie gehen fast alle auf Darrows Urexemplare zurück. Später unterscheiden sich die einzelnen Ausgaben in diesem Punkt geringfügig. Zum

Beispiel sieht die gedrungene Lokomotive im Schattenriss, die alle Bahnhöfe Monopolys ziert, in der amerikanischen Ausgabe einfacher und weniger realitätsnah aus als ihre Pendants in der britischen oder deutschen Version; sie erinnert eher an Spielzeug als an ein modernes, schnelles Produkt der Technik (Abb. 19). Aus den Urversionen stammen auch die großen farbigen Fragezeichen der *Chance*-Felder sowie Glühbirne und Wasserhahn als Symbole für Elektrizitäts- und Wasserwerk.

Nicht ganz zu dieser bewusst vereinfachten Visualisierung will das Gefängnisfeld mit dem verhärmten Häftlingsgesicht passen; diese Darstellung verdankte sich erst einem Eingriff durch Parker Brothers. Ähnlich plakative Zutaten kommen in den Parker-Editionen schon wenig später mit der Schatzkiste auf dem Feld *Community Chest*, dem Brillantring als Symbol für *Luxury Tax* und vor allem mit »Mister Monopoly« hinzu, einer trivialen Comicfigur in Frack und Zylinder, die einen Spazierstock schwenkt und mit ausgebreiteten Armen zum Mitspielen auffordert. Erst Hasbro hat den fröhlichen Alten, der angeblich Züge des Bankiers J. P. Morgan trägt, im Zuge einer Popularisierungskampagne der Neunzigerjahre in »Rich Uncle Pennybags« umgetauft (Abb. 20). Darrows Ästhetik, wie sie die frühen amerikanischen und europäischen Editionen bestimmt, waren solche anekdotischen Zutaten fremd; sie blieb konsequent einem modernen Ideal der Sachlichkeit, Klarheit und zurückhaltenden Symbolik verpflichtet, wie es sich im Gesellschaftsspiel damals gerade erst durchzusetzen begann. Jede Beobachtung zur Form bestätigt es von Neuem:

19 *Der Archetyp: Quadratisches Monopoly aus Charles Darrows Werkstatt, um 1933 (ehemals New York, Malcom Forbes Toy Collection)*

20   Mister Monopoly – eine Konzession der Firma Parker Brothers an den Publikumsgeschmack. Heute grüßt er jovial auch aus dem Emblem der japanischen Ausgabe.

Monopoly war und ist ein Produkt eigenen Ranges, ausgezeichnet durch eine singuläre Form und eine qualitätvolle Materialität, die den Verdacht auf plumpe Nachahmung hinter sich lassen. Fast ist man versucht, im Anschluss an Theodor W. Adornos Beobachtungen zum Plagiat in der Musik festzustellen, dass sich ein Spiel nicht fälschen lässt: Was man nachahmen kann, ist das einzelne Motiv, nie aber den Zusammenhang, in dem Motivik sich entfaltet und ihren Platz findet. Das Ganze, die große Form – geradezu zwingend sind sie Erfindung, nicht Plagiat.

Weitere Indizien deuten an, dass Darrow nicht nur gestalterisch, sondern auch motivisch und thematisch der Aktualität seiner Zeit Geltung im Spiel verschaffen wollte. Das *Free-Parking*-Feld zierte immer schon die Rückansicht einer damals modernen Limousine mit Ponton-Karosserie, einer Erfindung der 1930er Jahre – wenn auch wie von Kinderhand gezeichnet. Eine gelbe Karte aus dem *Community Chest* zeigt Uncle Sam mit Farbeimer und Pinsel, wie er auf einem Plakat die Worte »Gold Standard« durchstreicht. *We're Off the Gold Standard, Collect $50*, verkündet die Beschriftung triumphierend (Abb. 21). Die Lösung des Dollars vom Goldstandard stellte einen der ersten, heftig umkämpften Reformschritte dar, die Franklin D. Roosevelt nach seiner Wahl im Februar 1933 durchgesetzt hatte, um die Deflation einzudämmen und die amerikanischen

Banken zu stabilisieren. Darrow und mit ihm Monopoly, so will es scheinen, standen nicht an, sich auf die Seite der New-Deal-Politiker und des Präsidenten zu schlagen. Allerdings gehört die Karte auf den Stapel des *Community Chest*, das heißt des kommunalen Sozialfonds, der – wir haben es gesehen – im Philadelphia der Gegenwart gerade an die Grenzen seiner Leistungsfähigkeit gestoßen war. Generell gehen vom *Community Chest* – im deutschen Spiel »Gemeinschaftsfeld«, im schweizerischen »Kanzlei« genannt – zwiespältige Botschaften aus. Gewiss, man kann in den Genuss unerwarteter Geschenke kommen, andererseits aber auch zu Leistungen für die Allgemeinheit herangezogen werden. Ob Uncle Sam also das Richtige tut, bleibt auf längere Sicht durchaus offen.

Dass Monopoly eine erfundene, dabei unverkennbar amerikanische Stadt ist und auch als solche wahrgenommen werden will, machte von Anfang an die Verpackung deutlich. Die *white box* – die erste in den Handel gelangte Auflage im großen Luxuskarton, der Platz für das gefaltete Spielbrett bot und dem Spiel einen Hauch des Besonderen verlieh – zeigte über dem Titelschriftzug die Schemazeichnung eines städtischen Quartiers (Abb. 22). In einfacher Perspektivzeichnung bieten sich dem Blick des Betrachters zwei Straßeninseln eines Wohnviertels dar, wie man sie überall in der Peripherie

21   *Uncle Sam in Aktion. Die Lösung des Dollars vom Goldstandard schlug 1933 wie eine Bombe ein (Karte aus US-Monopoly).*

22 *Unverkennbar ein Luxusartikel: Monopoly im Geschenkkarton.
USA, 1930er Jahre.*

amerikanischer Städte vorfinden könnte – in der Mitte durch eine Autostraße getrennt und an den Ecken jeweils mit Bäumen bepflanzt. Amerikanische Holzhäuser mit Dreiecksgiebel stehen in Reih und Glied. Die identischen Vorgärten sind nur durch die Wege unterbrochen, die zu den Hauseingängen führen, ansonsten laufen die Rasenflächen ohne sichtbare Zäsur über die Grundstücksgrenzen hinweg. Man könnte also auch hier von einer amerikanischen Mikrotypologie sprechen, die von der Wirklichkeit ins Spiel übertragen wurde. Das gilt erst recht für den Hintergrund: Dort erkennt man jeweils die Skyline einer Großstadt mit Türmen und markanten Hochhäusern im Stil der Dreißigerjahre. Dank ihrer abgetreppten Abschlüsse lassen sie an prominente Bauten jener Zeit wie das Empire State Building oder das Chrysler Building in New York denken.

Dass es im Spiel nicht um die Konstruktion einer harmlosen und rückwärtsgewandten Idylle ging, sondern um einen durchaus zeitgenössischen Kampf um die Nutzung der Stadt und den Wert ihrer Grundstücke, zeigen die beiden Männer, die den Stadtprospekt in Profildarstellung flankieren und von denen der linke den rechten im Laufschritt verfolgt. Dieser wiederum wedelt provozierend mit einem Papierbündel – vielleicht

Besitzurkunden –, das sein jüngerer Verfolger ihm unbedingt abnehmen will. An einen Comic erinnernd, scheinen die Köpfe für die Körper zu groß geraten. Wie sich der Wettlauf zwischen beiden entscheiden wird, bleibt offen. Unter der Monopoly-Schrift hält allerdings eine weitere Comicfigur, diesmal in Frontalansicht, ein Dollarbündel in die Höhe und zeigt dem potentiellen Spieler das lachende Gesicht des Gewinners – ein vertrauliches Augenzwinkern eingeschlossen. Offenbar haben wir eine Frühform des »Mister Monopoly« vor uns, der hier im Fred-Astaire-Stil mit gegeltem Haar und Menjoubärtchen auftritt und keineswegs behäbig wirkt, sondern männliches Selbstbewusstsein und Eleganz ganz im Sinn der Zeit verkörpert. Heraldisch gedoppelte Lokomotiven flankieren diese zentrale Figur; unter ihr kehrt in der Mittelachse das Dollarzeichen noch einmal wieder.

Gediegenheit, städtische Topographie, Siegchance und Eleganz: Das sind Signale, die Monopoly schon im Erscheinungsbild der Verpackung – die man sich in der Spielwarenabteilung eines Kaufhauses ausgestellt vorstellen muss – an Interessenten aussendet. Mit einem Handgriff kann man sich überzeugen, dass Parker Brothers auch hier ihre Versprechungen halten. Wer die Schachtel öffnet, stößt auf Qualität: vom stabilen, sorgfältig bedruckten und leinenkaschierten Spielbrett über die bunten Holzhäuser und die vernickelten Spielfiguren bis zum glänzenden Karton der Besitzurkunden. Das Spiel, das man kauft, hat zeitbeständigen Wert, das ist die Produktstrategie von Monopoly. Eine Strategie, die insbesondere in den krisengeschüttelten Dreißigerjahren ihre Wirkung nicht verfehlte, war der materielle Wertverfall doch *die* kollektive Erfahrung der Großen Depression. Inhalt und Thema des Spiels, die ökonomische Nutzung wertbeständigen Bodens, spiegeln sich vollkommen in Form und Material. All den improvisierten, zuweilen auch lieblosen Varianten des *Landlord's Game* tritt jetzt ein Konkurrenzprodukt entgegen, das mit entwerferischer Perfektion und solider Ausführung aufwarten kann. Hier lag ein Schlüssel zum Erfolg des Spiels.

Und Darrow ging in seiner Entwicklung der Idee deutlich über alle Vorgänger seit Elizabeth Magie hinaus:

The Landlord's Game hatte sich, wenn auch auf Sieg und Niederlage eingestellt wie jedes Spiel, doch stets in den Grenzen von zwischenmenschlichem *good will* bewegt und sich in anerkannte Gesetze des Anstands und gesellschaftlich moderierter Verhaltensweisen gefügt. Alle Spieler konnten nach Beendigung der Partie problemlos als gute Freunde oder Geschäftspartner auseinandergehen, denn nach Magies Regeln war der Sieg im Spiel lediglich an eine Mindesthöhe des akkumulierten Vermögens gekoppelt. Ein zweiter oder dritter Platz im *Landlord's Game* konnte also noch von relativem Erfolg zeugen; man mochte nicht ganz die magischen 3000 Dollar erreicht haben, hatte aber vielleicht nur knapp verloren. Anders bei Darrow! Der augenzwinkernde Gentleman mit dem Menjoubärtchen ist keiner, der sich damit begnügen würde, im ökonomischen Wettbewerb lediglich einen Vorsprung vor seinen Mitbewerbern zu erzielen. Er trägt vielmehr den Stolz zur Schau, einziger Überlebender eines vorausgegangenen Existenzkampfs von darwinistischer Härte zu sein. Denn anders als alle früheren Wirtschaftsspiele ist Monopoly erst beendet, wenn – der Name sagt es – ein Spieler das Monopol errungen, das heißt alle Vermögenswerte gewonnen hat, die außerhalb der Bank im Umlauf sind. Allein der Stärkste kann diesen Kampf durchstehen. Und jeder weiß, dass wenn nicht im Spiel, so doch im realen Leben Verlieren notwendig Konkurs, also gesellschaftlichen Untergang bedeutet.

Damit zog das Spiel seine Lehre aus der Erfahrung der Depression, die 1934 durch Roosevelts Reformpolitik noch längst nicht überwunden war. Im November stieg die nationale Arbeitslosenquote mit 23,2 Prozent auf eine neue Höchstmarke, während der Dow-Jones-Index erstmals auf einen Wert unter 100 fiel. Eine Lehre somit, die zwar das zeitgenössische Bemühen um Überwindung von Krise und Elend einbezieht, sich dazu aber neutral verhält und in ihrem Kern nicht frei von Zynismus ist. Der Gewinner nach Darrows Regeln musste und muss ein gehöriges Maß an Rücksichtslosigkeit, ja Niedertracht mitbringen, denn er ist notwendigerweise der, der alle Mitspieler nach und nach in den Ruin treibt. Damit, so könnte man sagen, bestätigte Monopoly zur Zeit seiner Erfindung die Gesetze einer durch und durch negativ besetzten ökonomischen Wirklichkeit. Egoismus und der Versuch, besser davonzukommen als alle anderen, bestimmt laut Regel das Verhalten des Spielers, wobei es trotz aller Umsicht und allem Geschick durchaus vorkommen kann, dass man am Ende zu den Verlierern gehört. Das Verhaltensmuster, das Monopoly einem erfolgreichen Spieler abfordert, wird in der modernen Psychologie »feindselig-schädigende Rivalität« genannt (Rolf Haubl). Erfolgreich sein kann nur, wer seine gute Erziehung vergisst, alle Rücksicht fahren lässt und lustvoll über seine Rivalen triumphiert. Vielleicht ist das ein Grund, warum Jugendliche im Monopolyspiel oft mehr Erfolg haben als Erwachsene. Denn häufig neigen Eltern dazu, den Nachwuchs im Spiel zu schonen und ihm allzu bittere Niederlagen zu ersparen.

Zugleich ist Monopoly, das macht seine Eigentümlichkeit als Spiel aus, auch ein Gegenentwurf zur ökonomischen Wirklichkeit der Depressionsjahre, wird den Spielern doch eine scheinbare Freiheit des ökonomischen Handelns eingeräumt, die in der aktuellen Krise tatsächlich niemand mehr besaß. Zwar begann sich nach der Wahl Roosevelts gegen viele Zweifel eine Hoffnung zu etablieren, das Engagement der öffentlichen Hand könne auf Dauer die Dinge zum Besseren wenden. Ausgerechnet sie, die öffentliche Hand, benimmt sich in der Welt Monopolys aber weitestgehend ihrer Möglichkeiten als handelnde Instanz. Im Körper der Stadt ist sie nicht einmal vorhanden, vergebens sucht man ein Parlamentsgebäude, Ämter oder Ministerien. So gesehen, scheinen sich Charles Darrow und sein Monopoly keineswegs bedingungslos auf die Seite des New Deal und der interventionistischen Politik Roosevelts geschlagen zu haben. Durch *Chance*- und *Community*-Karten kommt eher eine Glückskomponente ins Spiel als eine planmäßig agierende Autorität, die ein erkennbares Ziel verfolgen würde. Monopoly trifft bewusst keine Voraussage, ob dem New Deal Erfolg beschieden sein wird. Es lässt den Spielern nicht einmal die Wahl, dem Staat ihr Vertrauen zu schenken – ob sie wollen oder nicht, sie haben ihr Schicksal selbst in der Hand.

Das Spiel

Es lebe Monopoly!

Am 31. Dezember 1935 wird Monopoly patentiert, und schon im nächsten Frühjahr gehen wöchentlich 20000 Exemplare über den Ladentisch. Die Erfolgsgeschichte, die mit Darrows noch halb handgefertigten Exemplaren bei Wanamaker's in Philadelphia begonnen hatte, übersetzte sich also von einem Tag auf den anderen, ohne erkennbare Zäsur, in einen industriellen Maßstab, und das bedeutete, dass Monopoly auf Anhieb zum gesamtamerikanischen Spiel werden konnte – was für keines der Vorgängerspiele jemals gegolten hatte. Im Nachhinein betrachtet, lag das Erfolgsrezept sicherlich darin, dass Parker Brothers so klug waren, das Darrow-Spiel unverändert in die Produktion zu geben, und das, obwohl – oder gerade weil – die Herkunft der Straßennamen aus Atlantic City vielen Käufern außerhalb New Jerseys und Pennsylvanias vermutlich gar nicht bewusst war.

Allerdings wurden jetzt Spielfiguren mitgeliefert, wobei Darrows anfängliche Idee, verschiedene kleine Haushaltsgegenstände zu verwenden, im Prinzip sogar erkennbar blieb (Abb. 23). Allerdings hatte die Entscheidung für einen Standardsatz kleiner vernickelter Objekte wie Fingerhut, Rennauto, Hund, Kriegsschiff oder Zylinder einen anderen Paten: eine Backmischung, die unter dem Namen »Dowst Favor Cake Mix« erfolgreich auf dem Markt war. Die Käufer dieses Industrieprodukts fanden in den Schachteln hitzebeständige Metallfigürchen vor,

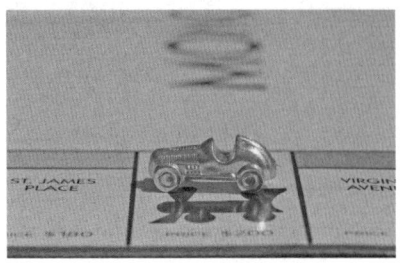

23 *Schnittig, aber auch nur so schnell, wie der Würfel zulässt. Rennauto als Spielfigur.*

die dann als Glücksbringer in den Kuchenteig eingebacken wurden. Ähnlich der Bohne im traditionellen holländischen Festkuchen waren die Objekte dem amerikanischen Publikum als *fortune telling set* geläufig, was sie für ihren neuen Verwendungszweck in einem Glücksspiel – für Monopoly zumindest partiell zutreffend – wohl besonders geeignet erscheinen ließ. Im Europageschäft mit Monopoly konnte sich dann bewähren, dass solche Kleinobjekte bereits als Orakel und Glücksbringer beim Bleigießen am Silvesterabend populär waren. Gerade die Inhomogenität des Figurensatzes ist zugleich ein traditionelles Merkmal der Fortuna-Symbolik; man kennt es im Ansatz schon von den Glücksrädern des Mittelalters, wo verschiedene Stände oder auch Lebensalter aus ihren gewohnten Ordnungen herausfallen und stattdessen in ein gewollt chaotisches Durcheinander stürzen.

Heute wird Monopoly in 43 länderspezifischen Ausgaben angeboten und ist mit über 275 Millionen Exemplaren das meistverkaufte Gesellschaftsspiel aller Zeiten. Dieser internationale Erfolg war dem Produkt offenbar von Anfang an eingeschrieben. Denn schon im Frühjahr 1936, fast gleichzeitig mit der amerikanischen Ausgabe, erschien bei Waddington's in Leeds die britische Version. Parker Brothers hatten bereits vor dem Produktionsbeginn in Salem Verbindung mit dem eingeführten englischen Spielehersteller aufgenommen und ihm nach kurzen Verhandlungen die Lizenz für die britische Ausgabe erteilt. Die kleine Standardausgabe mit separatem Spielbrett wurde für 7 Schilling 6 Pence angeboten (Abb. 24), für die große

24 *Der kleine Karton für das kleine Portemonnaie. Das Spielbrett wurde separat mitgenommen.*

Edition im repräsentativen Geschenkkarton waren 3 Schilling mehr fällig. Für die internationale Editionsgeschichte Monopolys bedeutet die britische Ausgabe den folgenreichsten Schritt überhaupt – war mit der Anpassung des Spiels an einen ausländischen Markt doch ein Muster etabliert, das für zahlreiche Monopoly-Lizenzen weltweit Vorbild wurde. Offenbar hat man von keiner Seite erwogen, die amerikanische Ausgabe unverändert auf den britischen Markt zu bringen, obwohl es in diesem Fall kein sprachliches Übersetzungsproblem gab.

Schnell stand fest, dass man Monopoly für jede nicht-amerikanische Ausgabe gründlich überarbeiten müsse. Zu individuell waren – und sind bis heute – die kulturellen, wirtschaftlichen und politischen Voraussetzungen der nationalen Märkte, als dass Darrows ganz aus der amerikanischen Tradition heraus entwickeltes Monopoly zum Weltmodell hätte taugen können. Die so charakteristische Nähe zur Erfahrungswirklichkeit, das »analoge Heimatgefühl«, das die Spieler am Monopolybrett entwickeln und das ihre Bindung an gerade dieses Spiel grundiert, wären vermutlich auf der Strecke geblieben. Es liegt auf der Hand, wie sehr das Konzept des Spiels als Stadt, dem Monopoly von Anfang an seine Ausnahmeposition am Markt verdankte, die Entscheidung der Produzenten zur Diversifizierung der globalen Marktstrategie gefördert haben muss. Gerade die zwischen den USA und Europa so gegensätzliche und selbst innerhalb des alten Kontinents noch immer höchst unterschiedliche Ausprägung urbaner Überlieferung war und ist ein Feld kultureller Identifikation, auf dem sich nationale Differenz empfindlich bemerkbar macht. Ist die fiktive Stadt, in der ich mich als Spieler bewege, allenfalls als eigenes Lebensumfeld vorstellbar? Finde ich mich nach einiger Eingewöhnung, wenn nicht sogar auf Anhieb zurecht? Oder bleibe ich fremd in einem Umfeld, dessen Nomenklaturen und Rituale, Normen und Zahlungsmittel ich erst mühsam erlernen muss? Diese Fragen dürften eine Hauptrolle gespielt haben bei der Entscheidung, wie Monopoly in die Welt zu bringen sei.

Nationalen Behauptungswillen verhieß bereits der Karton des britischen Spiels, stellt er doch das Pfund-Zeichen (£) anstelle des Dollar-Symbols ($) ins Zentrum; dementsprechend konnte die britische Edition auch in sämtlichen Commonwealth-Ländern mit Pfundwährung, zum Beispiel in Neuseeland oder Australien, zum Verkauf kommen (Abb. 25). Kanada als Dollar-Land hingegen – seine staatliche Unabhängigkeit war erst 1931 von Großbritannien anerkannt worden – übernahm die amerikanische Version und behielt sie bis heute. Die Währung war somit ein wichtiges, wenn auch nicht das einzige Argument für die jeweils eigene Identität der weltweiten Lizenzausgaben.

Obwohl die britischen Verpackungen in Farbgebung und Design den amerikanischen Vorlagen ähnlich sahen, waren motivische Abweichungen nicht zu übersehen. Vor allem fällt der monumental gestaltete Monopoly-Schriftzug auf dem großen Geschenkkarton der britischen Edition ins Auge. Er wächst aus einer symmetrisch geordneten Bildzeile hervor, die sich um ein zentral gestelltes £-Zeichen gruppiert. Neben zwei traditionellen, fast gleich gestalteten Wohnhäusern mit behäbigen Tudor-Giebeln brechen aus dem Hintergrund zwei moderne Lokomotiven hervor, die mit horizontalen Rauchfahnen gefährlich nah an den Wohnstätten vorbeirasen (Abb. 25). In dieser Aufmachung hat nicht nur ein dynamisiertes Bild- und Designkonzept seinen Niederschlag gefunden, auch die Ikonographie bringt ein neues Prinzip zum Tragen: Monopoly wird jetzt, im Gegensatz zur amerikanischen Version mit ihrer vergleichsweise idyllisch wirkenden Bildsprache, als Stadt neu situiert, nämlich mitten in den Widersprüchen zwischen bürgerlich-traditionsgebundener und moderner Urbanität, zu deren wesentlichen Merkmalen Verkehr und Geschwindigkeit zählen.

Dass die Stadt selbst als Parcours der Spielbewegungen neu gedacht wird, zeigt das Spielbrett auf den ersten Blick. Zwar entfernt sich das optische Erscheinungsbild auch jetzt nicht allzu weit vom amerikanischen Spiel – lediglich das neue Art-Déco-Emblem erscheint in der Spielfeldmitte, und die Lokomotiven auf den Bahnhofsfeldern haben erkennbar eine durchgreifende Modernisierung hinter sich. Die vertrauten Straßennamen nach dem Vorbild Atlantic Citys jedoch, das ist die entscheidende Differenz, sind jetzt Adressen aus London

25 *Tudorhaus zwischen fauchenden Loks – eine Traumadresse?*
Das britische Monopoly-Emblem in einer australischen Ausgabe.

gewichen. Obwohl das Spiel als britische Standardedition weiterhin einfach Monopoly heißt – also kein Stadtporträt auf Bestellung ist wie die späteren Städte-Monopolys, von denen es pro Nation beliebig viele geben kann –, hat sich die Topographie der Hauptstadt wie ein transparentes Netz über das ansonsten unveränderte geometrische Feld gelegt. Die soziale Hierarchie der Metropole bildet sich im Wertgefälle der Straßen und Plätze getreu ab, das Repertoire reicht von der preisgünstigen Old Kent Road im volkstümlichen Südlondon über die weltbekannten Einkaufsmeilen Regent Street und Oxford Street bis zum exklusiven Stadtquartier Mayfair, in dessen Mitte – am Grosvenor Square – vielleicht nicht zufällig die amerikanische Botschaft liegt. Allerdings wechseln nur die Namen; die Preisstufung selbst bleibt ebenso wie Spektrum und Abfolge der Farben bis in alle Einzelheiten der amerikanischen Erstausgabe treu.

Der Entscheidung, die im Ungefähren belassene und doch signifikant amerikanische Idealstadt der Urversion in den nicht ausdrücklich identifizierten, aber für jedermann erkennbaren Plan einer konkreten Stadt, ja einer Weltmetropole umzudeuten, dürften marktstrategische Überlegungen zugrunde gelegen haben. Großbritannien war zwischen den Kriegen noch immer Großmacht – zwar politisch und ökonomisch zunehmend unter Druck, aber nach wie vor Mittelpunkt des Empire und neuerdings sogar des weltumspannenden British Commonwealth of Nations, der 1931 als Zusammenschluss selbstbestimmter Staaten im Zeichen der britischen Krone gegründet worden war. Zwar musste London parallel zur ganzen Nation einen Bedeutungsverlust von der Machtzentrale zum mehr und mehr symbolischen Zentrum eines einst weltumspannenden territorialen Gefüges hinnehmen; dennoch blieb Londons Topographie in der britisch dominierten Welt überall bekannt und – wie das Beispiel Australien zeigt (Abb. 25) – als kultureller Identifikationspunkt jenseits aller politischen Grenzen und Gegensätze akzeptiert. Die viktorianische und nachviktorianische Metropole mit ihren Prachtalleen, Parks und Monumenten hinterließ bis in die 1930er Jahre hinein als städtebauliches Muster weit über Europa hinaus ihre Spuren, wofür vor allem Sir Edwin Lutyens' Planungen für das Regierungsviertel von New Delhi – schon 1912 begonnen, aber noch längst nicht vollendet – ein eindrucksvolles Beispiel bot. Entsprechend groß war auch der Marktradius für das britische Monopoly angelegt. Wahrscheinlich hätten Straßennamen, die aus beliebigen Kleinstädten in Kent oder Surrey stammten – von Atlantic City nicht zu reden –, Monopoly niemals solche Magnetwirkung verschafft, wie es die berühmten Adressen der britischen Metropole vermochten.

Komplizierter stellt sich der Befund beim Blick auf die nachfolgenden Monopoly-Ausgaben dar. Für die europäischen Länder hatten Parker Brothers die Lizenzerteilung an Waddington's abgetreten. Noch 1936 kam die französische, ein Jahr später die deutsche Edition heraus, für die zunächst ein gewisser Paul Ksoll die Rechte erworben hatte. Tatsächlich produziert wurde das deutsche Monopoly dann aber von Franz Schmidt, dem Sohn Josef Friedrich Schmidts, der dafür seine eigene Firma Schmidt Spiele in Nürnberg gründete und eine Vertriebsgemeinschaft mit seinem Vater einging. Die beiden Versionen waren mühelos dechiffrierbare Abbilder der Hauptstädte Paris und Berlin (Abb. 26). Ob die neuen Lizenznehmer das erfolgreiche Hauptstadtkonzept

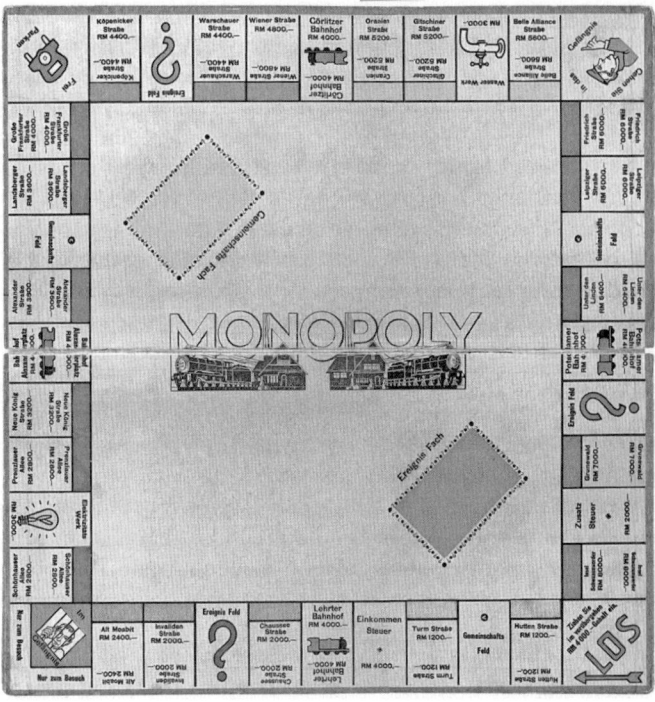

26 Berlin, noch ohne Reichskanzlei: Spielbrett der deutschen Erstausgabe von 1936.

des britischen Monopoly ohne tiefere Überlegungen für ihre Märkte kopiert hatten oder ob es mehr war, das hinter diesen Entscheidungen steckte, lässt sich nicht mit Sicherheit sagen. Immerhin wäre es im Hinblick auf den Stadtplan von Paris plausibel, von einer bewussten Bezugnahme auf die zentralistische Tradition der französischen Staatslenkung auszugehen.

Für Berlin traf das indes nur schwerlich zu. Schmidt könnte zwar, wie es auf den ersten Blick aussieht, durchaus der Versuchung erlegen sein, das von Adolf Hitler und seinem Architekten Albert Speer eifrig verfolgte Bauprogramm für Berlin als Reichshauptstadt dem geschäftlichen Erfolg seines

Marktneulings nutzbar zu machen; die Planungen für den Bau der Neuen Reichskanzlei liefen seit 1935. Freilich fehlen im Repertoire der Straßennamen ausgerechnet die Standorte Wilhelmstraße und Voßstraße, wo die Baustelle der neuen Machtzentrale eben ihren Betrieb aufnahm. Wie auch immer: Sollte Franz Schmidt große Erwartungen in sein Berlin-Monopoly gesetzt haben, dann wurden sie rasch enttäuscht. Als deutsche Standardausgabe verkaufte sich das Spiel ausgesprochen schlecht. Der Absatz hatte sich so schleppend angelassen, dass der Artikel schon seit 1938 nicht mehr im Katalog geführt wurde und Schmidt die Produktion noch vor dem Kriegsausbruch einstellen musste. Nicht erfolgreicher war ein deutsches Monopoly-Plagiat der Firma Kleefeld, dessen Parcours statt aus einzelnen Straßen aus verschiedenen deutschen Städten bestand. Es verschwand offenbar vom Markt, kaum dass es herausgekommen war.

Wo die Gründe für Monopolys Misserfolg in Deutschland lagen, ist umstritten. Seit langem hält sich das Gerücht, Reichspropagandaminister Joseph Goebbels habe schon wenige Wochen, nachdem es auf den Markt gekommen war, die Unterdrückung Monopolys betrieben und sich dafür der tatkräftigen Hilfe der Hitlerjugend bedient – unter Hinweis auf den »jüdisch-spekulativen Charakter« des Spiels. Eifernde Jungscharen, so die Erzählung, hätten Druck auf Spielwarenhändler ausgeübt, Monopoly aus dem Sortiment zu nehmen; auch von einem Brief der Reichsleitung HJ an den Fabrikanten Schmidt ist die Rede, der im Krieg aber verloren gegangen sei. Der wahre Grund für Goebbels' Abneigung, dessen Spürnase für die Stimmung im Volk berüchtigt war, soll nie ausgesprochen worden sein: Die Wohninsel Schwanenwerder, wo er als Berliner Gauleiter in der Nachbarschaft anderer Parteibonzen in einem zwangsarisierten Anwesen residierte, prangte auf dem Monopoly-Parcours als Vorgänger der späteren Schlossallee und teilte sich mit Grunewald – wie Mayfair keine Straße, sondern ein Wohnviertel – den Spitzenplatz als teuerster Baugrund des ganzen Spiels. 8000 Reichsmark betrug der Preis. Mit einer abgeschirmten Luxusadresse wollte der Volkstribun Goebbels keinesfalls in Verbindung gebracht werden, zumal allgemein bekannt war, dass er sich dort jüdischen Besitz angeeignet hatte. Vielleicht zu Recht ahnte er in der prominenten Platzierung ausgerechnet seines Wohnsitzes eine versteckte Kritik, der er durch die Unterdrückung des Spiels unbedingt zuvorkommen wollte. Alle Versuche, der Legende auf den Grund zu gehen, sind bis heute allerdings erfolglos geblieben. Und dort, wo man am ehesten Aufschluss erwarten würde, in den Unterlagen der Firma Schmidt, ist nichts mehr zu finden: 1971 fiel das Firmenarchiv vollständig einem Brand zum Opfer.

Von erheblichem politischem Opportunismus zeugen die Umstände, unter denen Monopoly nach Italien kam (Abb. 27). 1935 lernte der Mailänder Verleger Arnoldo Mondadori das Originalspiel kennen, zeigte sich aber selbst an der Vermarktung nicht interessiert. Stattdessen überließ er Emilio Ceretti, damals noch als Übersetzer bei Mondadori angestellt, die Rechte für die italienische Ausgabe, und dieser brachte Monòpoli – ob 1936 oder erst 1940 bleibt unklar – als Produkt der von ihm gegründeten Editrice Giochi S. A. in Mailand heraus (Abb. 28). Stolz verkündete die Firma, im Besitz aller Rechte für Italien, das Kaiserreich Äthiopien sowie die italienischen Territorien und Kolonien zu sein. Eine elegante quadratische Schachtel in Weinrot – das italienische Spielbrett konnte doppelt gefaltet werden – kam mit seiner modernen Beschriftung den ästhetischen Ansprüchen des gehobenen Publikums entgegen, das Ceretti im Blick hatte; so richtete das

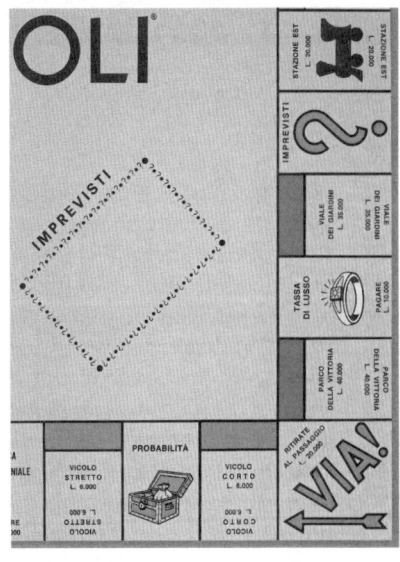

27 *Hat mehr Wandlungen durchgemacht als die meisten Monopoly-Ausgaben: italienische Edition, um 1980, mit Vicolo Corto und Vicolo Stretto*

28 *Emilio Ceretti,
Schöpfer des italienischen Monopoly.*

Mailänder Luxuskaufhaus La Rinascente, dessen Besitzer mit Ceretti befreundet war, einen eigenen Verkaufsstand für Monòpoli ein. Schon der Name des Spiels war ein Politikum. Denn musste Ceretti einerseits fürchten, der englischsprachige Originaltitel mit »y« am Ende werde staatlicher Zensur zum Opfer fallen, die auf italienischer Übersetzung aller ausländischen Begriffe und Titel insistierte, so hätte – noch schlimmer – die wörtliche Übersetzung Monopólio womöglich nach marxistischer Terminologie klingen können. Das Wort »Monòpoli« war immerhin keine Neuerfindung, sondern der Name einer kleinen Stadt in Apulien; und auch wenn diese Stadt im Spiel keineswegs gemeint war, so war der Name mit der griechischen Endung (*polis* = Stadt) durch Geschichte legitimiert und klang mediterran-vertraut. Auf eigene Faust wandelte Ceretti einige Spielregeln ab. Die Spieler erhielten gleich zu Anfang per Losentscheid ein bestimmtes Kontingent an Straßen, und das Startkapital war reichlicher bemessen als in der vergleichsweise puritanischen Originalversion. In Monòpoli nahm die Glückskomponente damit zu, während die strategische Kompetenz des Spielers als Erfolgsfaktor an Bedeutung einbüßte. Wahrscheinlich hatte Mondadori die Lizenz direkt von Parker Brothers erworben, nicht von Waddington's – darauf deutet nicht zuletzt der Verzicht auf das Art-Déco-Emblem englischen Ursprungs zugunsten der sachlich-eleganten, serifenlosen Versalien der amerikanischen Ausgabe hin. Die Grundform des Spielbretts blieb fast unverändert erhalten, sieht man einmal davon ab, dass es jetzt kein amerikanischer *cop*, sondern ein *carabiniere* war, der unglückliche Spieler mit streng vorgerecktem Zeigefinger ins Gefängnis einwies.

Von politischem Fingerspitzengefühl zeugte der Stadtplan. Von vornherein verzichtete Ceretti auf das ideologisch befrachtete Rom als Vorbild der Spielstadt Monòpoli – auch das hätte womöglich Anstoß erregen können –, stattdessen stand Mailand, schon damals das ökonomische Kraftzentrum Italiens, Pate für Straßen- und Flurnamen wie *Corso Ateneo*, *Bastioni Gran Sasso* oder *Viale de' Giardini*. Was als Reverenz vor den herrschenden Verhältnissen natürlich nicht fehlte, waren eine *Via del Fascio* und ein *Largo Littorio*, faschistische Namen, die aus den Nachkriegsausgaben stillschweigend verschwinden sollten. Bei alledem bleibt festzuhalten, dass Monòpoli – analog zum Darrow-Parker-Spiel – zwar auf Mailand Bezug nimmt, aber eigentlich nicht Mailand meint. Monòpoli will als große, vielgestaltige, historische und zugleich moderne Stadt eine Art Querschnitt durch die Möglichkeiten italienischer Urbanität bieten und gerade darin eine Kommune eigenen Rechts und eigener Prägung sein. Einen *vicolo corto* oder *vicolo stretto* – Kurze beziehungsweise Enge Gasse – gibt es in Mailand beileibe nicht; beide Namen, die in der Hierarchie der Adressen ganz unten stehen und dank ihrer plakativen Elendsanmutung in der italienischen Monòpoli-Gemeinde geradezu Kultstatus genießen, hatte Ceretti als eingängiges Kürzel für das Armenquartier kurzerhand erfunden. Ebenso wenig kann sich die Binnenstadt Mailand einer *Stazione Marittima* rühmen, eines Passagierhafens, der anfangs in Monòpoli, wie auch die futuristisch gezeichnete *Stazione Aerea*, einen der vier Bahnhöfe des Originalspiels ersetzte. Monòpoli ist und bleibt also eine Stadt im Irgendwo und Ungefähr. Nur dass sie in Italien lag und unverkennbar den Stempel der faschistischen Ära trug, in der sie gegründet wurde, dafür hat Emilio Ceretti mit Bedacht gesorgt.

Die frühe Rezeptionsgeschichte Monopolys in Europa und Übersee ist ein imponierender Beweis für die Anpassungsfähigkeit des Parker-Produkts, die sogar politischen Vorgaben folgen konnte, ohne dass dafür die Regeln oder die charakteristische Form des Archetyps wesentlich hätten verändert werden müssen. Das Spiel selbst blieb immer gleich, sein Potential zur Anpassung war scheinbar unbegrenzt. Andersherum könnte man sagen: Der strukturelle Kern Monopolys erwies sich als Stabilitätsfaktor ersten Grades, ließ gegen aktualitätsbedingten Veränderungsdruck erstaunliche Widerstandskraft zu und garantierte die Erkennbarkeit, ja Identität Monopolys unter allen Umständen. Eine andere unbestätigte, aber keineswegs unglaubhafte Legende behauptet, der britische Geheimdienst habe während des Zweiten Weltkriegs das populäre Spiel seinen Zwecken dienstbar gemacht. In den Monopolyspielen, die mit Rot-Kreuz-Paketen an Kriegsgefangene in Deutschland gelangten, habe der Secret Service Geld und falsche Papiere so raffiniert verborgen, dass einzelnen Offizieren dank dieser Hilfe die Flucht aus den Lagern gelungen sei.

Verbürgt ist die anrührende Geschichte der Brüder Micha und Dan Glass. 1942 wurden sie im Alter von etwa 10 Jahren zusammen mit ihrer Mutter aus Brünn in das Durchgangs- und Sammellager Terezín (Theresienstadt) in Nordböhmen deportiert, von wo berüchtigte Transporte in die Vernichtungslager abgingen und das den Machthabern zugleich als eine Art »Vorzeigeghetto« für prominente jüdische Internierte diente. Dort übten sich die Brüder bei jeder Gelegenheit im Umgang mit einer singulären Monopolyvariante, die der Künstler Oswald Poeck vermutlich in der Lagerdruckerei hergestellt und auf den Namen »Ghetto« getauft hatte. Wie manche erwachsene Häftlinge war auch Poeck bemüht, den vielen Kindern im Lager Freiräume zu schaffen, in denen sie zumindest zeitweise Ablenkung von der stets gegenwärtigen Angst finden konnten. So war eine ganze Kollektion an handgemachtem Spielzeug im Umlauf. Zwei Versionen des *Ghetto*-Spiels existieren noch, eine aufwendig kolorierte und eine schwarz-weiß gedruckte. Die Glass-Brüder nahmen die Spiele nach der Befreiung des Lagers in die neue Heimat Israel mit, heute werden sie in der Gedenkstätte Yad Vashem aufbewahrt und öffentlich gezeigt (Abb. 29).

29 *Porträt eines Schreckensortes: Oswald Poecks Ghetto-Spiel aus Theresienstadt von 1942 (Yad Vashem Artifacts Collection. Gift of Micah Glass, Ramat Gan, Isreal & Gan Glass, Jerusalem, Israel)*

Ghetto soll nichts anderes bedeuten als Theresienstadt; der Stadtplan ist ein allenfalls oberflächlich distanziertes, aber sofort erkennbares Abbild des Lagers. Einzelne Adressen, die im täglichen Leben von großer Bedeutung waren wie Fleischerei, Bäcker oder Zentralbad, finden sich zwischen die deutsch-böhmischen Straßennamen eingestreut; auch die Station »Entwesung« kommt auf einem Feld vor. Die Spielbrettmitte zeigt die Silhouette der alten theresianischen Festung aus der Vogelschau.

Mit der unheimlich-anheimelnden Gestalt seines Spiels ist Poeck der Ästhetik der ersten österreichischen Monopoly-

Versionen gefolgt, die ohne Lizenz zunächst unter verschiedenen Namen wie »Business« in den Handel gelangt und nach dem gewaltsamen Anschluss Österreichs an Deutschland 1938 unter dem heute noch existierenden deutschsprachigen Label »Das kaufmännische Talent« (DKT) zu einer Einheitsversion zusammengefasst worden waren. Idyllische Veduten österreichischer Städte zierten das Spielbrett und wichen damit ganz erheblich von der sachlichen Gestaltungslinie Darrows, Parkers und der frühen europäischen Lizenznehmer ab; das ist bei den nach wie vor populären DKT-Spielen bis heute so geblieben. In anderen Punkten orientierte sich Poecks *Ghetto* wiederum am Vorbild des amerikanisch-britisch-deutschen Monopoly, so ersetzte er die hölzernen Münzen aus DKT durch sorgfältig gedrucktes oder gestempeltes Papiergeld. Vielleicht um einem Verbot seines Spiels zuvorzukommen, zog er es allerdings vor, die bunten Scheine nicht als vermeintliches Geld, sondern lediglich als Quittungen über verschiedene Kronen-Beträge zu deklarieren. Abbild eines Schreckensorts und Führer durch eine nur noch äußerlich existierende böhmische Barockstadt zu sein, deren imposantes Erscheinungsbild sich längst als bloße Camouflage alltäglicher Unterdrückung erwiesen hatte – selbst dieser nicht alltäglichen Aufgabe sollte sich das Modell Monopoly mit erstaunlicher Robustheit gewachsen zeigen. Wie sich die Brüder Glass ausdrücklich erinnern, war es wesentlich das tägliche *Ghetto*-Spiel, das sie ihr Gefangensein ertragen ließ und ihnen das Überleben bis zum Kriegsende beträchtlich erleichterte. Diese Erzählung macht deutlich, wie sehr gerade Monopoly der Rückkoppelung mit Alltagserfahrung bedarf, um sinnvoll gespielt, ja überhaupt gespielt werden zu können.

Um die Geschichte Monopolys sinnvoll zu periodisieren, ist es hilfreich, sich klarzumachen, dass der Schritt auf die Weltmärkte unmittelbar nach dem Lizenzkauf durch Parker Brothers – das heißt schon vor dem Produktionsbeginn der amerikanischen Originalversion – erfolgte. Das Ziel, schrittweise eine *globale Marktstrategie* für das Spiel zu entwickeln, gehörte also offenbar bereits zu den Voraussetzungen, unter denen die Firma Darrows Idee erwarb. Wie zukunftsweisend dieser Gedanke war, sollte sich allerdings erst mit erheblicher

Verzögerung erweisen. Vor dem Krieg wurde keine der europäischen Ausgaben ein durchschlagender Erfolg; die Auflagen blieben klein, der Anspruch des Spiels galt als exklusiv. Erst die Nachkriegszeit, die Europas Verhältnis zu den USA grundsätzlich verändern sollte, schuf am Ende die Bedingungen, unter denen Monopoly wirklich populär werden, sein spezifisches Image als Initiationsritus in das kapitalistische Bekenntnis entwickeln und einen finanziellen Erfolg ohnegleichen einfahren konnte.

Weltstadt des Kalten Kriegs

So flexibel das Produkt Monopoly bereits zu Anfang gehandhabt wurde und so spürbar die Ausgaben der Vorkriegsjahre zwischen der Behauptung von Stadtutopien und der Evokation konkreter Städte schwankten, so deutlich zeichnet sich der politische Modellcharakter des Spiels in der Nachkriegszeit ab. Seit 1945 tritt Monopoly als amerikanische Erfindung, als Inbegriff eines spezifisch amerikanischen Liberalismus und als vergleichsweise erschwingliches Identifikationsobjekt des American Way of Life in die Phase seiner weltweiten Diversifizierung ein. Auch für kleinere nationale Märkte werden nun spezielle Ausgaben produziert, die zum Teil noch auf die Zeit vor 1939 zurückgehen, aber sich erst jetzt – unter dem Vorzeichen einer weit um sich greifenden kulturellen Amerikanisierung – zum geschäftlichen Erfolg entwickeln. Weiterhin geht es Parker Brothers und den ausländischen Lizenznehmern bei den Varianten, die jede einzelne dieser Ländereditionen unverwechselbar machen, um weitaus mehr als nur eine sprachliche Verständnishilfe. Immer wieder wird der Anspruch spürbar, bestimmte nationale und kulturelle Überlieferungsbestände in die jeweiligen Fassungen zu integrieren, ohne dem Spiel deshalb seine im Kern stabile Identität zu entziehen. Monopoly erwirbt sich so einen unvergleichlichen Status internationaler Marktfähigkeit und wird geradezu zum Gemeinbesitz westlicher Kultur. An der Vereinheitlichung jener Identifikations- und

Wunschbilder, wie sie die Gesellschaften der Nachkriegszeit über die Grenzen hinweg prägen, hat Monopoly wesentlichen Anteil; in der Welt des Spiels, könnte man sagen, nimmt es die Stelle James Deans oder Elvis Presleys ein. Gewiss war der Kalte Krieg für den Verlauf dieses Siegeszugs mitentscheidend, setzten die westlichen Staaten doch in scharfer Abgrenzung zu den Nachbarn des Warschauer Pakts geschlossen auf die Verschmelzung von Demokratie und liberaler Marktwirtschaft nach dem Modell Amerikas. Das kapitalistische Wirtschaftssystem, das Monopoly auf den ersten Blick so affirmativ zu vertreten und so distanzlos zu propagieren scheint, reicht als Erklärungsmodell indes nicht aus, wenn es darum geht, die singuläre Zweitkarriere des Spiels seit etwa 1950 zu verstehen. Daneben hat es innerhalb der westlichen Zivilisationen auch so etwas wie ein verbindendes kulturelles Substrat gegeben, eine gemeinsame Vorstellung von der Stadt als einem geschichtlich geprägten funktionalen System zum Beispiel, das den internationalen Erfolg Monopolys vorangetrieben hat.

Die neue deutsche Ausgabe kam bei Schmidt Spiele in München – die Nürnberger Produktionsstätte war zerstört worden – heraus, ab 1953 war sie überall zu kaufen (Abb. 30). Sie trug jetzt nicht mehr das Gesicht Berlins, sondern zeigte sich als künstlich erschaffene Welt ohne klare Entsprechung in der Wirklichkeit. Was gebraucht wurde, war eine beliebige Stadt mit allgemeinem Geltungsanspruch für den anvisierten Absatzmarkt. Franz Schmidt mag bei seiner Entscheidung daran gedacht haben, dass die Identifikation mit der preußischen Hauptstadt schon das Vorkriegs-Monopoly nicht eben zum Kassenschlager gemacht hatte. Inzwischen wurde die zerstörte Metropole, die unter Viermächtestatus stand und so recht weder zum Westen noch zum Osten zu gehören schien, zwar im Westen als »Hauptstadt im Wartestand« politisch propagiert, aber im täglichen Leben der neuen Bundesrepublik nur am Rande wahrgenommen. In dieser Situation wurden für die Allerweltsstadt Monopoly fast alle Straßennamen neu erfunden beziehungsweise aus einem breiten Repertoire von Möglichkeiten ausgewählt, gegen die niemand ernsthaft etwas

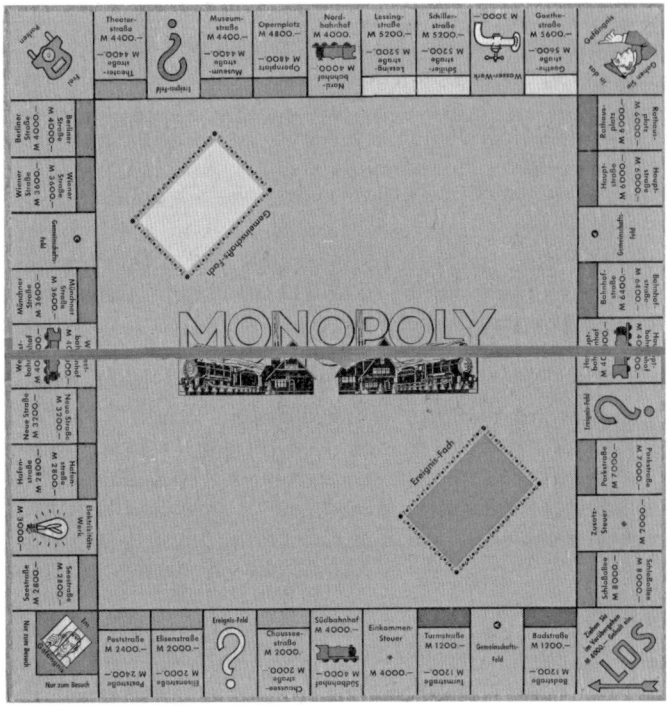

30 *Wiederaufbau im Nirgendwo:*
Das deutsche Nachkriegs-Monopoly, Ausgabe ca. 1961

einwenden konnte. Damit wurde das deutsche Monopoly zu einer Art vorweggenommenem Wiederaufbau, der schon mirakulös vollendet schien, während in den realen Städten noch lange geräumt, geschuftet, finanziert und gebaut werden musste. Nur Turmstraße und Chausseestraße, in der Preisliste weit unten, hatten sich aus dem Berlin-Spiel von 1936 in die neue Fassung retten können. Ansonsten gab es Parkstraße, Opernplatz oder Goethestraße; einen Ernst-Thälmann-Platz oder einen Agnes-Miegel-Weg – die typischen Adressen, an denen man in Nachkriegs-Deutschland sofort erkennen konnte, ob man sich im Osten oder im Westen befand – suchte man vergebens. Aus ideologischen Konkurrenzen dieser Art hielt sich Monopoly heraus; die neue Stadt sollte unpolitisch sein und künftige Systembrüche unbeschadet überstehen können, das war die Lehre aus der jüngsten Vergangenheit. Am ehesten lassen die Straßennamen von 1953 das Bild einer saturierten Stadt des 19. Jahrhunderts erstehen, wie es im Wunschkatalog der aufbaugeplagten Deutschen ganz oben rangierte.

Die äußere Form des Spiels blieb bis in alle Einzelheiten jene der Vorkriegszeit, auch das war möglicherweise eine Entscheidung, die mit den erbitterten Aufbaudebatten – Rekonstruktionen oder neue Städte? – zu tun hatte. Die kostbar schimmernde goldene Schachtel, das satte Grün des Spielfelds, weniger blass als im Original, das wuchtige Monopoly-Emblem nach Vorbild des englischen Spiels – all das ließ Schmidt unverändert. Lediglich die Währung wurde von Reichsmark in »Spielmark« umgetauft; vielleicht hätte »Deutsche Mark« so kurz nach der Währungsreform noch nicht vertraut genug geklungen. Im finanziell so belangvollen Los-Feld wurde zwar stillschweigend ein orthographischer Fehler korrigiert (man solle »im vorübergehen« 4.000 Reichsmark Gehalt einziehen, hatte es 1936 noch geheißen; jetzt entschied man sich für Großschreibung des substantivierten Verbs), die ausbezahlte Summe blieb jedoch gleich. Die frohe Botschaft lautete: Hier war die Mark noch so viel wert wie die alte Reichsmark der Vorkriegszeit!

Im wiederum zentral gestellten Emblem bleibt das Feld zwischen den Giebelhäusern peinlich leer, als hätte hier ein Hakenkreuz beseitigt werden müssen. Aber weder das war der Fall noch hatte etwa der *Verlust der Mitte* sein zersetzendes Werk verrichtet – so der Titel von Hans Sedlmayrs populärer Streitschrift gegen die moderne Kunst, 1948 als Manifest des Kalten Krieges erstmals erschienen. Vielmehr hatte es die unerklärliche Lücke schon im Vorgängerspiel von 1936 gegeben. Sie klafft exakt dort, wo im britischen Spiel das imposante »£« erscheint. Und da es für die Deutsche Mark und die Monopoly-Mark ebenso wenig ein Symbol gab wie vorher für die Reichsmark, nahm man bei Schmidt Spiele den Fortbestand der Leerstelle pragmatisch hin.

Es versteht sich von selbst, dass das deutsche Monopoly nur für die Bundesrepublik produziert wurde. In der DDR herrschte striktes Einfuhrverbot. Um so begehrter wurde die anrüchige Ware: Kinder, denen die reiselustige Oma ein geschmuggeltes Exemplar aus dem Westen mitgebracht hatte, standen bei ihren Spielkameraden hoch im Kurs. Selbst graue Kopien oder handgemachte Spiele, wie einst bei den Darrows in mühevoller Heimarbeit hergestellt, waren zwischen Berlin und Warschau allemal gesucht, wie man bis heute im Gespräch immer wieder erfährt. 1959 fand in Moskau die U.S. Exhibition statt (Abb. 31), die auf Einladung Nikita Chruschtschows dem staunenden sowjetischen Publikum die unbegreiflichen Höhenflüge westlicher Alltags- und Konsumgewohnheiten

31 *Westprodukte für Genossen? Nikita Chruschtschow und Richard Nixon testen Pepsi Cola auf der US Exhibition in Moskau, 1959.*

präsentierte – von der Waschmaschine bis zum Straßenkreuzer. Unter dem skeptischen Blick von Vizepräsident Richard Nixon ließ sich der allmächtige Parteichef beim Probieren von Pepsi Cola ablichten, und auch Monopoly durfte nicht fehlen: Als Abbreviatur familiären Zeitvertreibs lag ein aufgeklapptes Spielbrett mit allem Zubehör auf dem Couchtisch des typisch amerikanischen Wohnzimmers, das die Ausstellung zierte und in dem natürlich auch Fernsehgerät und Kamin nicht fehlten. Ob den Ausstellungsmachern aus den USA überhaupt bewusst war, dass sie dem örtlichen Publikum damit einen weiteren unerreichbaren Traum vor die Nase setzten, ist fraglich. Allerdings gab es auch im Westen Monopoly nicht überall. Das Spiel war zwar nirgends verboten, aber aus Kostengründen blieb es zuweilen unerreichbares Luxusgut. In der Elementarschule zu Klosters im schweizerischen Prättigau, damals trotz internationaler Wintersportsaison noch ein bescheidenes Dorf, gab es Ende der Fünfzigerjahre nur ein einziges Kind, das ein Monopolyspiel besaß. Das Mädchen, vorher wenig beachtet, stieg unversehens zur begehrtesten Spielkameradin der sechsten Klasse auf. Bald führte es einen Kalender, in dem sich Kameraden eine Woche im Voraus eintragen lassen mussten, wollten sie einen Termin zum nachmittäglichen Monopolyspiel daheim bei der Eignerin ergattern. Bis heute hat eine frühere Empfängerin solcher Gunsterweise die Geschichte im Gedächtnis behalten.

In charakteristischer und durchaus absichtsvoller Weise hatte sich die Schweizer Edition von Anfang an sowohl gegen den amerikanischen Urtypus als auch gegen die anderen europäischen Ausgaben abgegrenzt. Um 1940 waren der Firma Carlit in Würenlos (Kanton Zürich) von Waddington's die Rechte für die Schweizer Edition erteilt worden, die Auslieferung übernahm das traditionsreiche Spielwarenhaus Franz Carl Weber in Zürich. Aus der englischen Ausgabe wurde das Monopoly-Emblem auch auf das Schweizer Spielbrett übertragen, aber es erfuhr Retuschen, die sich unter dem Blickwinkel der Entstehungsumstände als gewichtige Veränderungen erweisen: Aus den Tudor-Häusern waren Bauernhäuser im Berner Stil geworden, aus den Dampflokomotiven hochmoderne E-Loks

32 *Frivol flatternde Frankenscheine: Schweizer Monopoly, ca. 1939
(Schweizerisches Spielemuseum).*

aus Schweizer Eigenproduktion (Abb. 32). Deutlich zeichnet sich schon hier die politische Strategie der »Geistigen Landesverteidigung« ab, die seit Ausbruch des Zweiten Weltkriegs alles Schweizerische in der Repräsentation von Staat und Gesellschaft hervorhob – in Abgrenzung zum deutschen Nachbarn wie zu den kriegführenden Parteien insgesamt. Erst seit 1961 verschwand das Emblem, ein neutraler Schriftzug nach amerikanischem Vorbild und bald auch der spazierstockschwenkende »Mister Monopoly« traten an seine Stelle.

Unverändert hingegen blieb die singuläre Flächenorganisation des Spielbretts, bis heute ein Alleinstellungsmerkmal der Schweizer Ausgaben (Abb. 33). Schon 1940 hatte man den Grundriss und die Farbabfolge des amerikanischen Originals wie der europäischen Vorlagen völlig intakt gelassen, aber die Auswahl der Straßen und Plätze neuen Gesetzen unterworfen. Die Adressen erscheinen jetzt erstmals nicht mehr als Teil einer einzigen Stadt – ob existierend oder fiktiv –, sondern stammen aus insgesamt 18 Schweizer Städten und verstreuen sich zudem so über den Parcours, dass sich unter den einzelnen Farben immer neue, heterogene Gruppen zusammenfinden: Zürichs Rennweg etwa verbindet sich

33 *Polyglott und ausgewogen: das Schweizer Spielbrett.*

unter gelbem Label mit der Rue du Bourg aus Lausanne und der Weggisgasse aus Luzern, die Berner Spitalgasse bildet mit Genfs Rue de la Croix-d'Or und der Basler Freiestraße die grüne Serie. Adressen aus jeweils deutsch-, französisch-, italienisch- oder gemischtsprachigen Städten wurden also systematisch zu Gruppen zusammengefasst, soweit das innerhalb des gegebenen Repertoires an Orten rechnerisch möglich war; die violette – das heißt preiswerteste – Gruppe Schaffhausen-Chur bleibt als einzige rein deutschsprachige übrig. Um Einheit und Stärke des Landes zu unterstreichen, erklärt Monopoly also die kulturellen Differenzen zwischen den Sprachgruppen demonstrativ als überwunden und sichtbar zu neuem Ausgleich gebracht. Nicht weniger überlegt stellt sich auch der Anteil der Sprachgruppen an der Städteauswahl dar. Mit elf deutschsprachigen Städten wie Aarau oder Solothurn, drei frankophonen wie Genf oder La Chaux-de-Fonds, drei gemischtsprachigen wie Biel oder Neuenburg sowie Lugano als einziger Tessiner Stadt sind die Sprachanteile der Schweiz, wie sie sich um 1950 statistisch zusammensetzten – 70 % Deutschschweizer, 20 % Frankophone und 10 % Tessiner –, bemerkenswert korrekt repräsentiert. Dabei sind alle Spielfelder wie auch die Chance- und Kanzlei-Karten (die quasi-amtliche Bezeichnung bleibt seltene Ausnahme in den Ländereditionen) zweisprachig deutsch-französisch beschriftet. Auch hier wird das geradezu pädagogische Bemühen spürbar, die kulturelle Diversität der Nation zwar wirklichkeitsgetreu abzubilden, aber in der Betonung der Mehrsprachigkeit und im gleichberechtigten Zusammenfinden aller um ein Zentrum die Verschiedenheit als positive Eigenschaft, ja als Verwirklichung der wünschenswerten »Einheit in der Vielheit« (Leibniz) zu proklamieren.

Trotz mancher Abwandlungen im Detail erschien die ebenso unverwechselbare wie planvoll komponierte Schweizer Monopoly-Edition über Jahrzehnte unverändert. Erst seit September 2007 ist Hasbro mit der Einführung eines Kantone-Monopoly vom Prinzip der Urbanität als der verbindlichen Grundlage aller Monopolyspiele abgewichen. Jedes Spielfeld entspricht jetzt einem Kanton, das teuerste Feld besetzt absurderweise das kleine Uri, geprägt durch Almwirtschaft und Gotthard-Autobahn, das günstigste Schaffhausen an der deutschen Grenze. »Ich kaufe mir den Kanton Bern. Bei Monopoly Schweiz gibt's anstelle von Städten und Straßen die Schweizer Kantone«, wird die Neuausgabe beworben; die gewünschte »Swissness« suggeriert eine pseudodemokratische Internet-Abstimmung, die im Vorfeld der Markteinführung über Auswahl und Wertstufung der Kantone entschieden hatte. Dankbar nimmt man zur Kenntnis, dass daneben eine Neuedition der berühmten Urausgabe inzwischen wieder im Handel ist. Zürich Paradeplatz, das Pendant zur Schlossallee, kehrt damit in die mentale Topographie der Schweizer zurück und wird dort aller Voraussicht nach seinen Rang über künftige Generationen hinweg behaupten.

Weitere Monopolyausgaben für mehrsprachige und polykulturelle Nationen zeigen ähnliche Strategien wie das Schweizer Spiel. Das gilt zum Beispiel für die belgische Edition von 1938 (Abb. 34), die allerdings – ein gewichtiger Unterschied – schon damals in zwei getrennten Auflagen, einer französisch- und einer flämischsprachigen, erschien. Allerdings entspricht die Komposition von Straßenfolgen aus verschiedenen – und verschiedensprachigen – Städten des Landes ebenso dem Schweizer Beispiel wie das Feld *Chancellerie* und das sprachlich neutrale Start statt *Départ*, *Go* oder Los. Weitere identische Einzelheiten wie die Ausgestaltung des Parkplatzes oder der helmbewehrte Polizistenkopf bestätigen den Zusammenhang. Eine vergleichbare Disposition zeigen dann auch die diversen Monopolyspiele aus Israel, deren frühestes – eine Raubkopie ohne Parker-Lizenz – schon im Jahr der Staatsgründung 1948 unter dem Titel »Monopol« erschien; mit seiner illustrativen Verpackung und Spielfeldgestaltung sieht es dem Terezín-Monopoly beziehungsweise den DKT-Spielen ähnlich, allerdings zeichnen jetzt moderne Architekturen unter Palmen und ein fröhliches Spielerkollektiv optimistische Bilder des neuen, von experimentellen Kibbuzim und gemeinschaftlichen Zukunftsvisionen geprägten Staates (Abb. 35). Später kam das lizenzierte Spiel heraus, das bis heute unter dem Namen Ha Monopol Ha Mekori (»Das Original-Monopol«) verkauft wird. All diese

34 *Harmonische Ausgewogenheit à la Monopoly – belgisches Spielbrett mit flämisch- und französischsprachigen Städten.*

Versionen haben gemeinsam, dass sie die Illusion einer in sich geschlossenen Stadt aufkündigen und – darin den Versionen aus Belgien und der Schweiz vergleichbar – die Vorstellung einer quasi-staatlichen Flächenorganisation erwecken. Einzelne Städte wie Jerusalem, Haifa, Ashkelon oder Tel Aviv finden sich, zu fortlaufenden Farbstrecken zusammengefasst, durch zwei bis drei tatsächlich existierende Straßen oder Plätze vertreten, sie bilden in ihrem charakteristischen Mischungsverhältnis gewissermaßen das Staatsganze ab. Das gilt allerdings nur mit einer gewichtigen Einschränkung. Denn das Israel Monopolys ist stets der jüdische Staat, das heißt keiner, in

35 *Auch Kollektive spielen Monopoly!
Die israelische Raubkopie von 1948 atmet Kibbuz-Optimismus.*

dem mehrere Völker nachbarschaftlich wohnen. Alle Städte und Ortschaften, die im Spiel vorkommen, sind seit 1948 weit überwiegend jüdisch besiedelt wie Tiberias und Be'er Sheva; Tel Aviv war eine zionistische Neugründung; aus Haifa waren viele arabische Bewohner nach der Staatsgründung geflohen oder vertrieben worden, ebenso aus Jerusalem, das außerdem zwischen Jordanien und Israel geteilt war. Arabisch besiedelte Städte wie Akko, Nazareth oder Bethlehem fehlen hingegen. Die Konfrontationen der Gegenwart haben also unmissverständlich ihre Spuren im Spiel hinterlassen; Monopoly repräsentiert zwar einen Staat, aber keinen gemeinschaftlich legitimierten, sondern einen einseitig herbeigesehnten und erkämpften.

Nieder mit Monopoly!

In der amerikanischen und europäischen Linken, wen wundert es, hat es Monopoly nie zu nennenswerter Beliebtheit bringen können, zumindest wurden entsprechende Sympathien selten zugegeben. Das lag sicher auch daran, dass man die plakative Botschaft des Produktnamens wörtlich genommen hat. Monopoly – in diesem Begriff schien die alleinige Verfügung über die Produktionsmittel durch den siegreichen Spieler so unmissverständlich als Zielmarke angepeilt, ja geradezu als Glücksverheißung ausgerufen, dass Berührungsängste unvermeidliche Folge sein mussten. Aber davon abgesehen brachte seit etwa 1968 auch eine generelle Verschiebung liebgewonnener Befindlichkeiten das allgemeine Einverständnis mit Monopoly – wie mit anderen kulturellen Ritualen – aus dem Gleichgewicht. Amerika begann zu schwächeln; das zwar etwas gruselige, aber vom Gefühl des Beschütztseins grundierte Sich-Eingerichtet-Haben im Kalten Krieg geriet unter Druck. Die Wende im Vietnamkrieg, die Watergate-Affäre, die Ölkrise: das waren bedrohliche Signale, die nicht ignoriert werden konnten. In den USA wie in Westeuropa schlug Zeitkritik in Systemkritik um.

Was hat all das mit Monopoly zu tun? Das Beispiel des Ralph Anspach macht es deutlich. 1926 als Jude in Deutschland geboren und unter Gefährdungen im Nationalsozialismus aufgewachsen, trat er gleich nach Kriegsende in die amerikanische Armee ein und kämpfte auf den Philippinen; danach nahm er als Freiwilliger am israelischen Unabhängigkeitskrieg teil. Anschließend bereiste er die Welt, studierte in Berkeley und wurde schließlich Ökonomieprofessor an der San Francisco State University in den USA. Anfang der Siebzigerjahre wollte er seinen Studenten spielerisch erklären, wie Ölmonopole funktionieren. Sein Anti-Monopoly begann Gestalt anzunehmen. Ein »Professoren-Spiel« sollte es werden, hirnlastig genug, ihm die Bewunderung seiner Kollegen zu sichern *(a professor-type game, something so cerebral that it would earn me the admiration of my colleagues)*. Was daraus wurde, war eine Negativ-Kopie von Monopoly. Ohne Spielweise und Form wesentlich zu verändern, kehrte er die Logik von Darrows Spiel kurzerhand um: Monopole waren schon bei Spielbeginn gegeben; Ziel wurde es, sie zu zerschlagen. Kalkulierter Legendenbildung mag Anspachs spätere Erzählung gedient haben, wie er als Erfinder ausgerechnet Darrows Erfahrungen noch einmal durchlitt – mühevolle Heimarbeit, die Suche nach einem Hersteller, den ausbleibenden Erfolg. Aber hier endete die Parallele. Anspach gründete eine eigene Firma, um Anti-Monopoly in Serie herzustellen und zu vermarkten. Ein Risiko, für das er reich belohnt worden sei, so Anspach – eine Million Exemplare habe sich bis 1974 verkauft. Aber dann verhagelten ihm die Anwälte von Parker Brothers das Geschäft. Streitpunkt war weniger die Frage des geistigen Eigentums als jene der Markenrechte – Monopoly, so die Gegenseite, sei ein geschütztes Produkt, niemand außer Parker Brothers habe die Rechte an der Sache wie am Namen, das sei seit 1935 durch US-Patent geregelt.

Anspach war keiner, der sich rasch geschlagen gab, auch dann nicht, als Hasbro Inc. die Nachfolge von Parker Brothers antrat. Im Gegenteil, sein Michael-Kohlhaas-Temperament gab sich jetzt erst richtig zu erkennen. Um für einen Rechtsstreit gewappnet zu sein, den er notfalls durch alle Instanzen würde durchfechten können, begann er mit ausgedehnten Recherchen zur Vor- und Frühgeschichte Monopolys. Ans Licht kam dabei erstmals der Name Elizabeth Magie, der Plagiatsverdacht gegen Charles Darrow, die zwielichtige Rolle von Parker Brothers bei der Sicherung des Copyrights – peinliche Entdeckungen, die in den USA einigen Wirbel verursachten und Anspach zu einer Figur der Zeitgeschichte machten, über die sogar das *Wall Street Journal* schrieb. Das Spiel selbst, Anti-Monopoly, fand dennoch keine große Beachtung, ja schien selbst Anspach bald zur Nebensache zu werden. Worum es ihm ging, war nur noch, wer schließlich Recht behielt. Als begnadeter Provokateur scheute er sich nicht, die in den USA überaus populären, von Hasbro organisierten Monopoly-Weltmeisterschaften mit Demonstrationen, Informationsständen und Flugblättern zu unterlaufen, was die Gegenseite natürlich zum Anlass immer neuer Unterlassungsklagen nahm. 1998, einige Jahre nach dem abschließenden, offenbar salomonischen Spruch des Supreme Court – beide Kontrahenten nahmen ihn gleichermaßen als Sieg für sich in Anspruch –, schrieb Anspach seine Version der Geschichte in einem Buch nieder, dessen Kapitel so verräterische Titel tragen wie *Vipers in Our Nest*, *Blunting the Monopoly Attack* oder *The Patent Fraud which Rescued Parker Brothers*. Dass man hier keine objektive Kritik an Monopoly, sondern eine ressentimentgewürzte Enthüllungs-Story vor sich hat, wird dem Leser schnell klar. Für die Sache war das ein Nachteil – denn eine ökonomisch fundierte Analyse von Monopoly hätte man schon damals gut brauchen können. Stattdessen brachte Anspachs Buch eine ganze Phalanx von echten und vermeintlichen Monopoly-Experten hervor, die sich immer neu in die Plagiatsfrage verbissen und ihre manchmal dürftigen Erkenntnisse seitdem im Internet verbreiten.

An Opposition gegen das vermeintlich erzkapitalistische Grundbesitzerspiel mangelte es in den Siebzigerjahren aber auch anderswo nicht, von den amerikanischen Universitäten strahlte sie mit Macht nach Europa aus. Zwischen 1968 und 1980 scheint das hartnäckige Monopoly-Verdikt entstanden zu sein, das seitdem keineswegs nur in der erklärten Linken, sondern unter Intellektuellen aller Couleur und auch im liberalen Bürgertum weithin zum guten Ton gehört – was keineswegs verhindert, dass jede neue Generation sich von Neuem am Hotelbau auf der Schlossallee versucht und rituell im Monopoly-Gefängnis darbt. Gegen diese Versuchung wurden auch in Deutschland mehrere Anti-Monopoly-Varianten erprobt, ohne jemals auch nur annähernd ähnliche Heimatgefühle wie das Original geweckt und sich längerfristig am Markt gehalten zu haben. *provopoli – Wem gehört die Stadt?* hieß ein »Strategiespiel von zwei bis zwanzig Personen«, das der Bonner Horatio-Verlag 1976 in einer wenig widerstandsfähigen, aber kostengünstigen Wellpapphülle auf den Markt brachte und besonders Kommunen zur Kurzweil wie zur Weckung kritischen Bewusstseins empfahl (Abb. 36). Der Inhalt umfasste keineswegs nur erwartbare Gegenstände

36 Nicht für die Ewigkeit gemacht! Kartonhülle des provopoli-*Spiels.*

wie einen Stadtplan, rote und blaue Spielfiguren oder Aufgaben- und Zufallskarten (Beispiel: »Perücke. Mit ihrer Hilfe entgehen Sie einer Verhaftung. Diese Karte können Sie im Bedarfsfall ausspielen«), sondern überraschenderweise auch sechs Barrikaden und sechs Sprengkörper – wenn auch nur in Spielausführung. Die blaue und die rote Partei, Konservative und Systemveränderer, kämpfen um die Vorherrschaft. Während die Roten über ein ganzes Arsenal von Möglichkeiten verfügen, die »bestehenden Verhältnisse« zu ändern – Demonstration oder Arbeitskampf, Blockaden oder Gefangenenbefreiungen –, dürfen die Blauen kräftig dagegenhalten. Den Aktionen sind keine Grenzen gesetzt, ausdrücklich fordern die »Regelvorschläge« dazu auf, neue Möglichkeiten zur Systemveränderung oder auch -erhaltung einzubringen: »provopoli ist kein fertiges Produkt«, wie Gabi, Katherina, Monika, Carl-Ludwig, Till und Wolfgang von der »Projektgruppe provopoli« treuherzig verkünden. Nicht Verbissenheit, sondern eine Mischung aus Aufmüpfigkeit und Ironie (»Sie müssen für eine emanzipierte Genossin Aufsicht im Kinderkollektiv ›Kapitalismus putt‹ führen«) kennzeichnet den sympathischen Stil des Ganzen, wobei der Stadtplan sich von der strengen Geometrie des Monopoly-Spielbretts so weit wie möglich entfernt und stattdessen – auf knitteranfälliges Papier gedruckt – Vertrauen in eine »organische« Planung der Wiederaufbauzeit demonstriert (Abb. 37). Immerhin wurde das Spiel 1980, eine Auszeichnung gewissermaßen, auf Antrag des Bayerischen Ministeriums für Arbeit und Sozialordnung in die bundesweite Liste jugendgefährdender Schriften aufgenommen, tauge es doch, »Kinder und Jugendliche sozialethisch zu verwirren«, ja »terroristische und staatsgefährdende Inhalte« zu verbreiten. Vermutlich hätte es dieser Intervention kaum bedurft, um das wohlmeinende, aber unbestreitbar langatmige Spiel bald stillschweigend vom Markt verschwinden zu lassen.

Von anderem Schrot und Korn war da schon *Klassenkampf*, ein professionell gezeichnetes, hochwertig verarbeitetes Brettspiel, das dem amerikanischen Vorbild *Class Struggle* von 1978 nacheiferte. Der ebenso streitbare wie umstrittene Politologe Bertell Ollman von der New York University hatte es erfunden. Gestalterisch wird (vielleicht aus urheberrechtlicher Vorsicht) Abstand zu Monopoly gesucht, insbesondere durch den Verzicht auf einen Stadtplan zugunsten eines spiralförmig verlaufenden Parcours (Abb. 38). Die Spiellogik, die topographische Besetzung der Felder, die Mischung von Strategie- und Zufallskomponenten, auch Details wie die beiden Kartenstapel in der Spielfeldmitte stellen die gesuchte Verwandtschaft dennoch außer Zweifel. Wer allerdings Zerstreuung sucht, sollte das elegante schwarze Spielbrett strikt meiden – unabhängig von jedweder politischen Überzeugung. Wenn es je eine durch und durch unterhaltungsfreie,

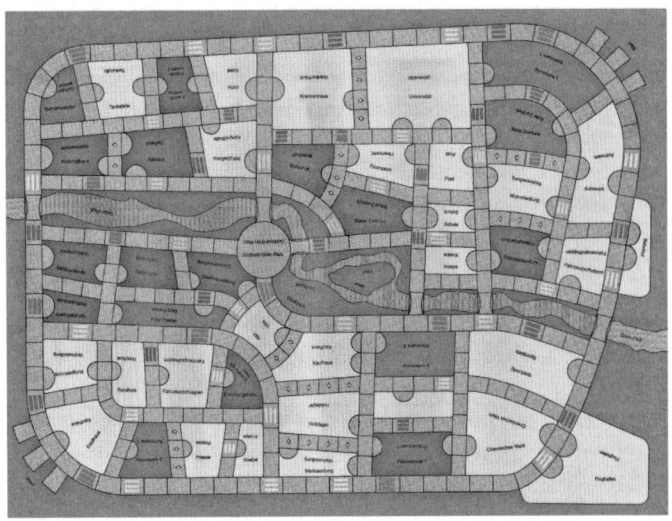

37 *Der Stadtplan von* provopoli: *organisch, keineswegs staatstragend.*

38 *Bürokratische Dschungel für angehende Revolutionäre:*
Klassenkampf-*Spiel von 1978.*

staubtrockene Methode gab, Zeit totzuschlagen, dann das gemeinschaftliche Spiel von *Klassenkampf*, an dem seinerzeit Prominente wie der Journalist Martin E. Süskind oder der Historiker Peter Brandt mitgearbeitet hatten und das bei Erscheinen sogar dem *Spiegel* eine Besprechung wert schien. Was hier zählt, ist über weite Strecken nicht Aktion wie in *provopoli*, sondern erbarmungsloses historisches Nachsitzen. Gleich zu Anfang stellt die 32seitige Spielanleitung klar: »Dementsprechend versucht die deutsche Version des Spiels, die wichtigsten Stationen der ereignisreichen Klassenkampfgeschichte Mitteleuropas während des 19. und 20. Jahrhunderts wiederzugeben«. Doch selbst wenn es nach den mühsamen Präludien wirklich in den Kampf geht, den die »Hauptklassen« Arbeit und Kapital samt ihren Verbündeten gegeneinander ausfechten, will der Adrenalinspiegel kaum ansteigen. »Es gibt fünf Kampffelder: Arbeitsalltag, zweimal Wahlen, zweimal Generalstreik sowie (als letzte der Auseinandersetzungen) Revolution, siehe dazu Regel 32«, lässt das Reglement streng verlauten. Und weiter: »Wenn Arbeit bzw. Kapital oder einer ihrer Verbündeten ein Kampffeld erreichen, gibt es die Möglichkeit zur Kampfansage. Bündnisklassen, die nicht mit Arbeit oder Kapital verbündet sind, haben das Recht zur Kampfansage nicht.« Gleich ob er von Lenin stammt – der Satz »Wenn der Deutsche einen Bahnhof stürmen will, kauft er eine Bahnsteigkarte« feiert hier ein weiteres Mal Triumphe. Die Stationen, die der Klassenkämpfer auf dem Weg zur Revolution hinter sich bringen muss, sind jedenfalls so langwierig und ermüdend, dass man öfters versucht sein dürfte, von der Notbremse Gebrauch zu machen, die das Spiel barmherzigerweise zur Verfügung stellt. Allerdings steht es nur Kapitalisten frei, den vorzeitigen Spielabbruch herbeizuführen. Als solcher kann man laut Anleitung beschließen, »einen Atomkrieg auszulösen und die Welt zu vernichten. In diesem Fall gewinnt niemand!«

In der Gegenwart ist Monopoly durch die Wende von 1989 angekommen. Dass sich die vorher geschlossenen Märkte Russlands und der Warschauer-Pakt-Staaten für das Spiel rasch öffneten, war vorauszusehen und wurde von Parker Brothers durch ein entschlossenes Marketing genutzt. Schon 1988 brachte man für die Sowjetunion in begrenzter Auflage eine Sonderausgabe mit Moskauer Straßen auf den Markt, die dann zur russischen Standardedition werden konnte. Bereits davor, um 1970, hatte es unter dem Titel *Manager* eine Monopoly-Raubkopie gegeben, die allerdings vom topographischen Prinzip abwich und statt Straßen und Plätzen systemtreu bestimmte Industriezweige auf den Spielfeldern plazierte. Heute dürfte es außer in vielen afrikanischen Ländern und auf Kuba wohl überall nationale Monopolyausgaben zu kaufen geben. Zuletzt sind die Hürden 2001 in China gefallen, nachdem dort schon seit 1937 eine ganze Reihe nicht lizenzierter Monopoly-Varianten produziert worden waren. Aber während die frühen Varianten *Shanghai Real Estate* oder *The Game of Shanghai Millionaire* hießen und in ihren Spielbrettern bewusst die Topographie der alten Handelsmetropole zitierten, hält sich die offizielle Hasbro-Edition an die schweizerisch-belgisch-israelische Lösung und vereint im Parcours um die Spielfeldmitte eine Reihe von nicht weniger als 22 Städten und Regionen aus allen Teilen des Riesenreichs (Abb. 39). Die hohe Anpassungsfähigkeit an nationale Spezifika, die uns die chinesische Version ein weiteres Mal vor Augen führt, darf als Indiz für den Schritt von der Idealstadt zur Staatsallegorie gedeutet werden, den Monopoly seit 1945

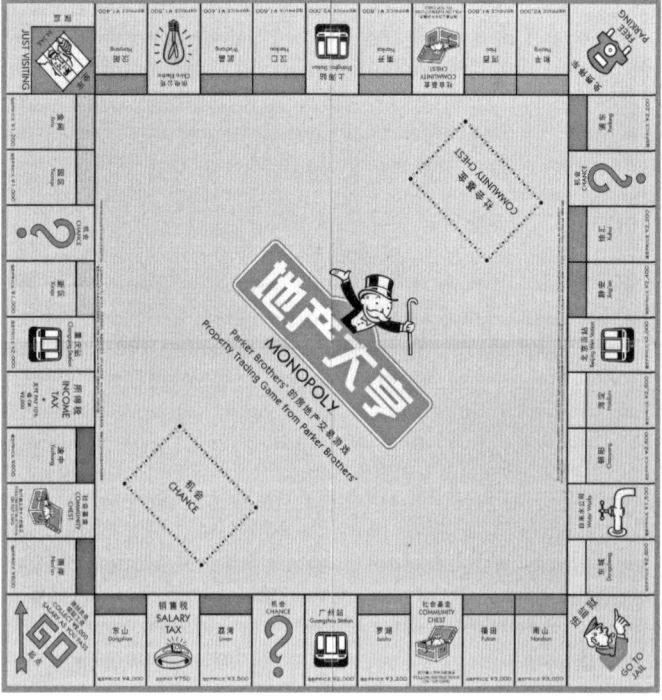

39 *Der Markt siegt! Nach vielen Raubkopien: Parker Brothers bietet jetzt eine autorisierte chinesische Edition an.*

vollzogen hat. Territorium, Fläche, sprachliche und kulturelle Vielfalt des Staates können und sollen, so die Botschaft, in Disposition und Auslegung der Spielfläche adäquat abgebildet werden. Diese politische Definition des Spielfelds beeinflusst wesentlich die Verabredung, unter der sich die Spieler in verschiedenen Ländern und Kulturen zusammenfinden. Zugleich wiederholt sich in allen offiziellen Monopoly-Varianten das immer gleiche ökonomische und gesellschaftliche Modell, das fixierte Regelwerk also, dem alle Spieler verpflichtet sind. Flexibilität und Stabilität sind paradoxerweise die Axiome eines Spiels, das sich zum Ziel setzt, für die Gültigkeit bestimmter ökonomischer Verhaltensregeln unter allen möglichen Bedingungen des Zusammenlebens den unwiderleglichen Beweis zu erbringen.

Die Stadt

Architekten – Erfinder der Stadt

Wer als erster auf die Idee kam, einen Stadtplan zu zeichnen, steht nicht fest. Stadtpläne sind Grundrisse von Städten, die Straßen, Plätze und Bebauung in orthogonaler, maßstäblicher Projektion wiedergeben. Sie können zum Beispiel in Stein geschnitten sein wie die berühmte *Forma urbis*, die der Kaiser Septimius Severus von der Stadt Rom anfertigen ließ (Abb. 40). Das monumentale Format – 13 mal 18 Meter – und der Bedeutungsanspruch dieses Plans, der im 3. Jahrhundert nach Christus entstand und im Innern des *templum pacis* angebracht wurde, blieb bis heute einmalig. Vor sich selbst, den Römern und der Welt legt der Kaiser Zeugnis ab von der Größe, Ordnung und Gestalt Roms. Stadtpläne können, wie man sieht, triumphale Gesten sein. Der Großherzog von Florenz etwa lässt im 16. Jahrhundert die Pläne eroberter Städte in den Hof seines Palastes malen, der Herzog von Bayern gibt

40 *Stadtplan, schwere Qualität: Steinfragment der* Forma urbis Romae, *3. Jh. n. Chr.*

beim besten Kunstschreiner der Zeit detailgetreue Modelle seiner Haupt- und Residenzstädte in Auftrag. Meist kommen Stadtpläne zwar bescheidener daher – auf Papier gezeichnet oder gedruckt –, aber auch als bloße Dokumente, die Auskunft über die Topographie einer bestimmten Stadt erteilen sollen, bewahren sie einen Rest der herausgehobenen Legitimation, die ihnen angestammt ist. Gleich welchem primären Zweck er dienen mag: Immer steht der Plan für den Zugang zu exklusiver Information über die Stadt, für Verfügungsrechte wie die Vollmacht zum Messen, letztlich für Macht.

Erst recht gilt das für entworfene Stadtpläne, die Struktur und Gestalt neuer, erst zu gründender Städte festlegen. Unter den Geschäften des Architekten rangiert der Entwurf von Städten seit jeher an oberster Stelle. Vitruv, der römische Architekt des ersten Jahrhunderts vor Christus, weiß das bereits, wenn er in seinem berühmten Architekturbuch die Anlage von Städten Schritt für Schritt beschreibt. Als Städtebauer tritt der Architekt in das denkbar engste Verhältnis zur politischen Macht, er wird zu deren ausführendem Organ und verlängertem Arm, manchmal auch zu ihrem Korrektiv. Von der Antike bis zur Gegenwart hat sich am Prestige der Aufgabe »Stadtentwurf« nichts geändert, man denke nur an Le Corbusier, der mit gleichsam göttlichem Fingerzeig das radikale Modell präsentiert, das er 1922 für den Neubau von Paris in Vorschlag bringt (Abb. 41).

Wie uns Aristoteles in seiner *Politik* wissen lässt, war schon der Baumeister Hippodamos von Milet, der im fünften Jahrhundert vor Christus lebte, mehr als nur ein hochgeschätzter Fachmann, der etwa den Hafen von Piräus neu angelegt und überhaupt die planmäßige Anlage von Städten erfunden habe. Das »hippodamische System«, in dem sich aus einem orthogonalen Straßennetz rechteckige Bebauungsinseln ergeben, geht auf ihn zurück. Es ist das älteste planimetrische Verfahren zum Bau von Städten, das wir kennen; schon in der Antike selbst fand es eine fast universale Nachfolge, von der Wirkung auf spätere Zeiten nicht zu reden. Aber Hippodamos, so Aristoteles, habe ein suspektes Luxusleben geführt, sich Kenntnisse in der Naturphilosophie angemaßt und schließlich als erster über den Staat nachgedacht, ohne Politiker zu sein. Eine suspekte Figur, wird zwischen den Zeilen suggeriert, in der sich Erfindergeist und Selbstüberschätzung die Waage hielten. Kein gutes Haar lässt Aristoteles denn auch an den politischen Ideen des ehrgeizigen Architekten, hatte Hippodamos doch zur Aufteilung des Bodens, zur gesellschaftlichen Klassenbildung und zum Justizwesen eigene Vorstellungen entwickelt und teils einschneidende Reformen vorgeschlagen. Nichts als Anmaßung sei das gewesen, so das strenge Urteil des Philosophen, verwirrend und in den Folgen nicht durchdacht.

»Ohne Politiker zu sein« – das bedeutet in der Sprache der griechischen Polis: ohne Bürger zu sein. Was Aristoteles dem Hippodamos ankreidet, ist nicht nur die fehlende fachliche Legitimation seiner politischen Initiative, sondern ein Defizit an sozialer Distinktion. Ein hypertropher Handwerker, stets zu teuer angezogen und mit philosophischen Flausen im Kopf, will uns über unsere Staatsverfassung belehren? Wo

41 *Lässt Städte untergehen und erblühen:*
Le Corbusiers Hand über seiner Vision von Paris, 1922.

kämen wir da hin? Zwar verstehe er etwas vom Bauen, will Aristoteles uns sagen, aber mit Politik habe das nichts zu tun! Hippodamos sah seine Qualifikation zum politischen Entwurf offenbar durch sein städtebauliches Können begründet. Gerade weil er von der Stadt als physischem Ort etwas verstand, fühlte er sich berufen, bessere Regeln zum Zusammenleben der Bürger aufzustellen. Die Stadt als Struktur und Form stand für ihn in engster Verwandtschaft zum Staat und seiner Verfassung.

Damit ist Hippodamos gewissermaßen der Stammvater jener ehrgeizigen Architekten, Künstler und Philosophen, die sich später, vor allem in der Renaissance, dem Entwurf von Idealstädten widmen sollten. Der Begriff Idealstadt wird manchmal missverständlich verwendet, dann nämlich, wenn man darunter lediglich die regelmäßige geometrische Form der Stadt, zentriert oder rechtwinklig, versteht. Keineswegs alle Städte, die über verbindlichen Grundrissen gedacht, geplant oder errichtet sind, lassen sich schon deshalb als Idealstädte bezeichnen. Regel*maß* ist zwar häufig, aber keineswegs immer ein Kriterium der Idealstadt. Was hingegen zu ihren unveräußerlichen Merkmalen gehört, ist Regel*haftigkeit*: bezogen auf das Zusammenleben der Bewohner, die Führung der Gemeinschaft und den Aufbau der gesellschaftlichen Einrichtungen – auf all jene sozialen Prozesse und politischen Organisationsformen also, die in entworfenen, das heißt gezeichneten, gedachten oder erzählten Städten viel genauer definiert sind als in wirklich gebauten und bewohnten. Die Organisation gesellschaftlichen Lebens füllt seit jeher das motivische Inventar der Idealstadt aus.

So verstanden lässt sich der schillernde Begriff der Idealstadt – im Unterschied zur Planstadt – einigermaßen sinnvoll anwenden: auf erdachte, imaginierte Städte nämlich, die dem Leser und Betrachter eine utopische Verheißung des Miteinander vor Augen stellen. Das räumliche und zeitliche Vakuum der Utopie, also das »Nirgendwo« und das »Irgendwann«, ist bei der Idealstadt gefüllt durch Systematisierung der räumlichen wie der sozialen Ordnung. Dadurch ist die Idealstadt nicht nur Ort, sondern immer auch Staat. Sie wird zu Form und Allegorie der idealen Gesellschaft, die sie beherbergt. Und sie setzt die Mächte ins Bild, die sie, die Gesellschaft, nach dem Willen des Erfinders lenken sollen. Ideales Maß und ideale Geometrie werden zum Abbild der Vollkommenheit, mit der das Leben der Bürger in Stadt und Staat geregelt ist.

Über Idealstädte zu reden heißt auf jeden Fall, über Konzeptionen des Glücks nachzudenken. Denn Idealstädte sind Glücksverheißungen an die Gesellschaft, sie waren es immer schon. Je entschiedener sie ihre Versprechungen freilich an ein Kollektiv adressieren, desto beschränkter wird der Raum, den sie dem Glück des Einzelnen zugestehen. Ist doch die Idealstadt stets der Ort gewesen, individuelle Glückserwartung in Programmatiken allgemeinen Wohlergehens einzubinden, wenn nicht gänzlich darin aufgehen zu lassen. So wurde etwa die Renaissance nicht müde, das Lob der *vita contemplativa* zu singen, des weltabgewandten Lebens, wie nur der privilegierte Intellektuelle es führen kann. Aber indem sie sich zugleich auf den Entwurf von Idealstädten verlegte, hat sie die Vorstellung individualistischer Glückserfüllung doch unverzüglich durch kollektive Visionen zu kontrastieren gewusst. Die Spannung zwischen dem kollektiven Wohlergehen und dem Glück des Einzelnen erweist sich als prägend schon für die Anfänge der Idealstadt. In Monopoly ist sie noch immer präsent. Die Verteilung des gleichen Startkapitals an alle und die »Grundsicherung« von 4 000 Mark pro Runde, die beim Passieren von »Los« ausbezahlt werden, sind die Grundlage des individuellen Kapitaleinsatzes, der dem Einzelnen die Chance zum Sieg eröffnet.

Das Glück, das die Idealstadt der Renaissance ihren Bewohnern verspricht, ist auf alle Fälle eines der ästhetischen Vollendung. Die luftige Ordnung der Plätze und Straßen, die lückenlos entwickelte Symmetrie der Grundrisse und Bauten, wie man sie etwa auf der Stadtvedute aus Urbino bewundert – entstanden um 1480 und heute im Besitz der Walters Art Gallery in Baltimore –, legen davon nachdrücklich Zeugnis ab (Abb. 42). Aber das Spiel der Formen steht dort keineswegs für sich. Im Gegenteil: Wie stets, so gründet die Geometrie der Idealstadt auch hier auf dem Glauben an die Möglichkeit

42   *Hier weht die klare Luft der Idealstadt: Vedute aus Urbino, um 1480. Baltimore, Walters Art Gallery.*

idealer Staatsverfassungen, die in der geplanten Gestalt der Stadt zu präziser Formulierung finden sollen. Antike und zeitgenössische Bautypen – Tempel, Palast, Theater – verbinden sich um den zentralen Platz zu einem idealen Zentrum fürstlicher Macht, betrachtet von einem erhöhten Standpunkt aus: möglicherweise ein Fenster des Herrscherpalastes. Im Fluchtpunkt des Gemäldes, fast unbemerkbar klein gemalt, tritt diesem positiv besetzten Ort die vorstädtische Burg als Tyrannensitz entgegen.

Filarete (ca. 1400–1464) war der erste, der sich mit seinem *architettonico libro* – Architekturbuch – in diesem Sinn an den Entwurf einer Idealstadt herantraute. Der gelernte Goldschmied mit dem griechischen Namen (er stammte aus Florenz und hieß eigentlich Antonio Averlino) schrieb das Werk auf seinem Posten als Mailänder Hofarchitekt in den Jahren zwischen 1452 und 1464. Als monumentaler Dialog, der sich über 24 Bücher erstreckt und dazu in Volgare verfasst ist, der italienischen Volkssprache im Unterschied zum gelehrten Latein, steht Filaretes *libro* der Textform nach unter den Architekturwerken der Renaissance einzigartig da. Filarete gehörte zu den bewährten und renommierten Kräften in der harten Konkurrenz der frühen Renaissancekünstler, aber keineswegs zu deren exklusiver Spitzengruppe. Für den Papst hatte er das Hauptportal der Peterskirche entworfen und in Bronze gegossen, für den Herzog von Mailand baute er das monumentale

Ospedale Maggiore. Aber zweifellos wollte er mehr erreichen. Unerfüllter Ehrgeiz mag die Triebfeder gewesen sein, die ihn sein Buch schreiben und es Piero de' Medici in Florenz widmen ließ. Als erster Architekturschriftsteller seit der Antike war ihm Leon Battista Alberti vorausgegangen, der Autor des lateinisch geschriebenen Traktats *De re aedificatoria* – Über die Wissenschaft vom Bauen –, das er im Jahr 1452 abgeschlossen hatte. Filarete wusste zweifellos, dass er den akademisch geschulten Systematiker Alberti mit dessen eigenen Waffen nicht schlagen konnte. Gerade deshalb griff er zu einer textlichen Alternative, die sich trotz Neigung zur Redundanz und ungeachtet mancher Ungeschliffenheiten des Stils als Gewinn für den Leser entpuppt: zur Erzählung, zum Stadt- und Architekturroman.

Filarete weiß besser zu berichten als zu erörtern. Seine Sprache ist die gesprochene, sein Stoff der Bau einer Stadt, seine Form der Dialog. Doch die Gesprächsführung ist asymmetrisch. Der Architekt belehrt seinen Herrn: Kontrastierend zur höfischen Wirklichkeit des 15. Jahrhunderts, findet sich darin das utopische Grundmuster der ganzen Erzählung bereits angelegt. Es bestätigt sich dann in der maßlosen Über- beziehungsweise Untertreibung aller quantitativen Angaben (Größe, Bauzeit, Einsatz von Arbeitskräften) sowie in dem, was Filarete von Disposition und Architektur der Stadt »Sforzinda« berichtet. Sforzinda ist eine zentrierte, über oktogonalem Grundriss errichtete, radial erschlossene und von sternförmigen Mauern bewehrte Stadt (Abb. 43). Ihre Bauten folgen antiken Mustern, Filarete beschreibt sie bis in die Einzelheiten. Einzigartig ist und bleibt die Biomorphie seines Architekturkonzepts. Nicht nur in Maß und Form hat die Architektur für ihn dem Vorbild der Natur zu folgen, als organisches Gebilde soll sie geradezu eigenes Leben entfalten – ihren Vater stellt er sich als zeugenden Bauherrn, ihre Mutter dagegen als den gebärenden Architekten vor.

Das Buch erfrischt durch seine Originalität, trotzdem wurde es im theoretischen Gehalt, in der gedanklichen Struktur und nicht zuletzt in der literarischen Form oft genug geschmäht oder doch abschätzig kommentiert. »Lächerlich«, ja

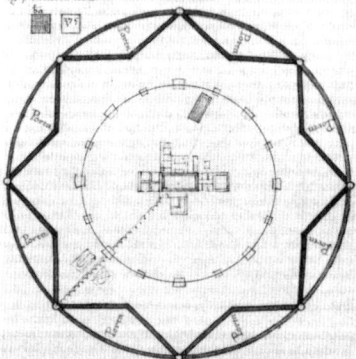

43 *In dieser Stadt bleibt nichts dem Zufall überlassen. Dispositionsplan von Sforzinda aus dem Architekturtraktat* architettonico libro *(Buch VI) des Filarete.*

»verrückt« nennt es bereits Giorgio Vasari in seiner Biographie Filaretes von 1568. Und Jacob Burckhardt greift zu Vokabeln wie »merkwürdig« oder »umständlich«, wenn er über Filarete als Autor spricht. All diese Kritik ist richtig – und zielt doch an dem Beitrag, den Filarete zur Kunstliteratur der Renaissance geleistet hat, entschieden vorbei. Denn sie charakterisiert die erzählende Form, die das Buch unverwechselbar macht, lediglich als Defizit und nicht als gattungsgemäße Eigenschaft. Filaretes *architettonico libro* ist eben kein effektiv gegliederter Traktat wie Albertis Architekturwerk, das als Erklärung, Herleitung und Anweisung begriffen werden will. Zwei Kulturen der Wissensvermittlung stehen sich in diesen beiden ersten Architekturbüchern seit Vitruv unversöhnt gegenüber: Latein gegen Volgare, systematische Entfaltung der Materie gegen assoziative Stofferkundung.

Filarete, das muss jeder wissen, der sich auf den verschlungenen Wegen seiner Erzählung zurechtfinden will, schreibt einen höfischen Roman. Zwar will auch er dem Leser theoretisches Wissen zur Architektur vermitteln, aber dies geschieht, so ausführlich er sich auch zu den Säulenordnungen, zu Proportionsfragen oder zur Gebäudelehre äußert, stets nur nebenbei. Worum es ihm eigentlich geht, ist der erzählerische Bau von Sforzinda, jener idealen Fürstenstadt, von deren Wachstum er den Architekten unablässig berichten lässt. Francesco Sforza, Filaretes Brotherr, gibt der Stadt seinen Namen. Schon deshalb kann man sich fragen, ob Sforzinda im strengen Sinn als Utopie gelten darf. Denn Filarete knüpft in dem, was er von der Stadt erzählt oder von ihrem baulichen Inventar beschreibt, durchaus an Wirklichkeit und Erfahrung an. Er schildert eine gewissermaßen optimierte Residenzstadt: errichtet über zentriertem Grundriss, gegen Feinde bestens gesichert, durch Straßen und Plätze perfekt erschlossen und mit vorbildlicher Architektur gefüllt. Den Entwurfsprozess, der den Architekten zum Stadtgrundriss führt, macht Filarete im zweiten Buch mit geometrischer Präzision bis ins Einzelne nachvollziehbar, Maßangaben in griechischen Stadien eingeschlossen. Das fürstliche Mandat gibt dem Baumeister die Macht, seine Erfindung buchstäblich in die Landschaft zu setzen – die Idealfiguren Kreis und Quadrat, die dem Plan zugrunde liegen, sollen nicht verfälscht werden, um sich etwa Unregelmäßigkeiten des Geländes anzugleichen. Im Gegenteil, die Wahl des Bauplatzes hat mit Rücksicht auf die ideale Geometrie der Stadt zu erfolgen.

Der Leser des 15. Jahrhunderts konnte sich also ein Bild von Sforzinda machen, auch wenn eine Stadt von derart vollkommener Struktur und Gestalt bisher nirgends existierte (Abb. 44). Auch wenn die sprachliche Beschreibung primäres Instrument der Vermittlung bleibt, gibt Filarete seinem Text Grundrisszeichnungen bei, die – nur noch als Kopien erhalten – in ihrer Machart zwar heute schlicht und unbeholfen wirken, nach den Kriterien des 15. Jahrhunderts aber als sorgfältig gezeichnet gelten können: Man sieht, dass die Anfertigung von Grundrissen damals noch kein Hauptgeschäft der Architekten war. Den so wichtigen achteckigen Umriss der Stadt stellen die Zeichnungen dennoch hinlänglich klar,

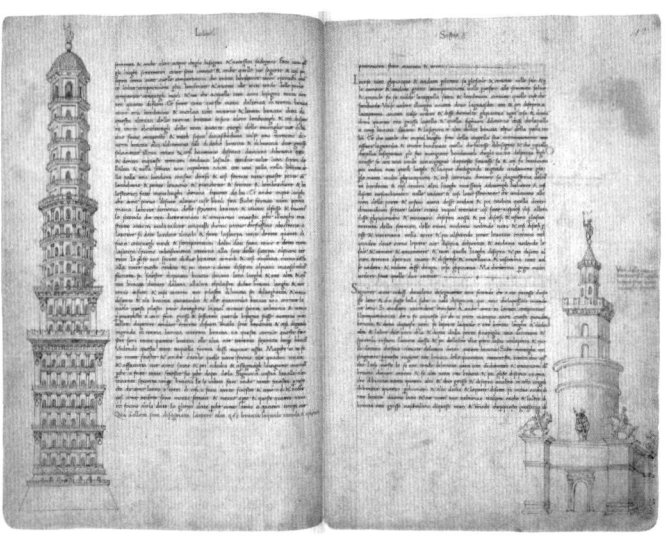

44 *365 Ellen (211 Meter) sollte der Kastellturm von Sforzinda in die Höhe ragen (links) und außerdem 365 Fenster besitzen. Dem Fürsten und seinen Spähern wäre nichts entgangen.*

äußere wie innere Tore, die Erschließung des Stadtkörpers durch Radialstraßen sowie die Umbauung der *piazza* werden zumindest angedeutet. Damit erhält der wichtigste Akt architektonischer Autoritätsausübung, die Disposition des Stadtplans, einen zentralen Stellenwert im Buch. Nur auf der Grundlage der idealen Figur, die im Ganzen wirksam wird, können sich Proportion und Regelmaß auch im einzelnen Gebäude entfalten. Man darf bezweifeln, ob Bewohner und Besucher beim Durchqueren der Stadt deren beispielhafte Planmäßigkeit überhaupt hätten wahrnehmen können. Erheblich ist diese Frage kaum. Denn es ist vielmehr die Anschauung des Grundrisses selbst als die seiner räumlichen Ausführung, die den Architekten, seinen fürstlichen Gesprächspartner und schließlich seine Leser exklusiv in die Lage versetzt, die Schönheit und Vorbildlichkeit des Entwurfs zu verstehen und zu bewundern. Dabei wird die radikal zentrierte Form des Grundrisses – Kreis und Achteck als primäre Figuren, strahlenförmige Erschließung – ohne weiteres auch als ideelle Passform des Fürstenstaates lesbar. Selbst wenn der erzählerische Apparat Filaretes nicht überliefert wäre, könnten wir Sforzinda kraft der Planzeichnung und ihrer geschlossenen Geometrie als Idealstadt identifizieren.

Über jegliche Erfahrungsgrenzen hinaus greift Filarete erst im 14. Buch, das von den Fundierungsarbeiten für die neue Hafenstadt in der Nähe Sforzindas erzählt. Dabei lässt Filarete seine Arbeiter unvermittelt ein »Goldenes Buch« mit der Beschreibung der antiken Stadt Plusiapolis finden. Der Fürst befiehlt den Wiederaufbau an Ort und Stelle. Und was Filarete jetzt, eingeschlossen in die zweite Rahmenerzählung, vor unseren Augen abrollen lässt, ist tatsächlich etwas nie Gehörtes und Gesehenes. Eine Stadtutopie, zusammengesetzt aus Bauten von beispielloser Form und Funktion, aus Gärten von ungeahnter Größe und Schönheit, projiziert in eine erträumte Antike, die der Renaissance stets den Stoff ihrer utopischen Entwürfe liefert. Öffentliche Moral, Erziehung und Strafe – das sind die Leitthemen, die Filarete mit der Beschreibung von Plusiapolis ein für allemal im Repertoire der neuzeitlichen Idealstadt verankert. Mit ihnen ist auch die politische Summe einer neuen Vorstellung vom Staat eingezogen – im Anspruch auf Allgegenwart und unbeschränkte Autorität des Souveräns nimmt sie bereits Züge des Absolutismus vorweg. Ein Internat für Knaben und Mädchen entsteht vor unseren Augen – Lehrplan und Hausordnung inbegriffen –, ein drehbarer Turm, vom Denkmal des Fürsten gekrönt, ein »Haus der Tugenden und des Lasters«, ein »Ergastolon« als vollkommen rationalisierte Strafanstalt. Diese vollendete Utopie darzustellen, bleibt jedoch dem Text und einigen perspektivischen Ansichten vorbehalten, dank derer sich die Bauten scheinbar im Nirgendwo erheben. Auf einen Grundriss, das objektivierende Medium des Architekturentwurfs schlechthin, verzichtet Filarete mit voller Absicht.

Wenn Idealstädte, wie es in der Renaissance selten genug geschah, einmal Wirklichkeit wurden, dann spielen kunstvoll komponierte Grundrisse nicht immer die Hauptrolle. Gewiss, eine Stadt wie Palmanova nahe Venedig, als Neubau in der Poebene situiert, konnte im späten 16. Jahrhundert über idealem Plan errichtet werden. Die Stadt Pienza hingegen, vom Architekten Bernardo Rossellino in der südlichen Toskana geplant und im Auftrag von Papst Pius II. zeitlich parallel zu Filaretes Niederschrift des *architettonico libro* errichtet, erteilt der geometrischen Idealität des Grundrissentwurfs eine klare Absage, ja rückt den Gesamtgrundriss der Stadt überhaupt an den Rand des Entwurfsinteresses. Die Erklärung ist einfach genug: Pienza war seinen Bedingungen nach nicht Neubau, sondern Umbau; der Erhalt des vorhandenen Ortes hatte schon aus ökonomischen und logistischen Gründen Priorität. Allerdings scheint es, als hätten Rossellino und sein päpstlicher Bauherr, der hier als Sprössling einer aus Siena verbannten Adelsfamilie geboren worden war, die partielle Bewahrung des Überlieferten auch ideologisch in ihr Baukonzept integriert: Sollte die Stadt Pienza, die im Herrschaftsgebiet der Republik Siena lag, doch keineswegs die tradierte soziale und politische Ordnung beiseitefegen, sondern für das republikanische Regierungssystem Sienas lediglich eine Reform empfehlen, deren wesentliche Züge in Struktur und Gestalt der neuen Stadt lesbar wurden. Wie die *piazza*

45 *Hierarchie der Paläste am Hauptplatz von Pienza.*

sichtbar macht, kamen auch hier in erster Linie die aktuellen architektonischen Wertsetzungen Symmetrie, Maß und Proportion in Frage, wenn es darum ging, die abstrakten Elemente des ideologischen Programms in die fassbare Visualität urbaner Räumlichkeit zu übersetzen. Um eine symmetrisch organisierte Freifläche gruppiert, bilden Kathedrale, Papstpalast, Bischofssitz und Rathaus ein hierarchisches Gefüge von Baukörpern aus, das in seiner volumetrischen Stufung über die Priorität der Machtfaktoren Auskunft gibt (Abb. 45).

Stadtträume von Morus bis Andreae

Die Idealstadt sollte den utopischen Denkern der Renaissance weiterhin ein bevorzugtes Gefäß für deren Glücksträume und Ordnungswünsche zur Verfügung stellen. Aber die Architekten verloren an Einfluss, was die Formulierung der konkreten Entwürfe anging. Thomas Morus (Abb. 46) war der erste in einer Reihe von Gelehrten, der in seinem dialogischen Roman *Utopia* eine ideale Gesellschaft beschrieb und damit zugleich einer ganzen Gattung politischer Philosophie den Namen gab (*ou-topia* = Nicht-Ort). Widmet sich der erste Teil des Buches ganz wesentlich der Kritik an den sozialen und religiösen Verhältnissen im zeitgenössischen England, so entwirft der zweite ein positives Gegenbild in der Schilderung der sagenhaften Insel Utopia, von der Morus seinen Gesprächspartner Raphael Hythlodaeus, einen weitgereisten Portugiesen und Gefährten des Amerigo Vespucci, berichten lässt.

Morus wusste, wovon er schrieb. In wohlhabende Verhältnisse hineingeboren, leistete er als Knabe Pagendienst beim Erzbischof von Canterbury, konnte in Oxford alte Sprachen studieren und sich – wie viele Humanisten – auf väterlichen Wunsch und eher widerwillig zum Juristen ausbilden lassen. Zunächst erfolgreicher Anwalt und Rechtslehrer, wurde er 1504 Parlamentsmitglied und danach Diplomat. Er war ein weitgereister Mann, als meisterhafter Unterhändler daran gewöhnt, verschiedene Standpunkte anzuhören und zwischen ihnen zu vermitteln. Seine virtuos angedeutete Distanz zum Staat Utopia, den er zwar selbst erfunden hat, von dem er allerdings einen Reisenden – der wiederum manche Züge mit ihm selbst teilt – berichten lässt, zeugt davon. Nach dem Druck des Buches im Jahr 1516 wird er eine steile Hofkarriere unter König Heinrich VIII. einschlagen, die im Amt des Lordkanzlers gipfelte. Es war sein Widerstand gegen die Annullierung der Ehe mit Katharina von Aragón, der schließlich den Zorn des Königs auf ihn zog und zu seiner spektakulären Hinrichtung im Jahr 1535 führte.

Staat und Stadt sind bei Morus nicht völlig identisch, anders als bei Filarete. Das intellektuelle Experiment Utopia ist unverkennbar vom Insel- und Flächenstaat England angeregt. Aber mit Amaurotum, der Stadt auf fast quadratischem Grundriss, würdigt Hythlodaeus die Metropole des idealen Staates doch einer intensiven Beschreibung. Die Gestalt Amaurotums repräsentiert den Staat nämlich so vollendet, dass sie sich in allen anderen 53 Städten der Insel exakt wiederholt (Abb. 47).

46 *Thomas Morus, als Staatsmann gesehen und gemalt von Hans Holbein dem Jüngeren (1527).*

47 *Diese Insel gab der Phantasie Nahrung. Holzschnitt mit der Darstellung von Utopia aus dem gleichnamigen Roman von Thomas Morus (1516)*

Mit der einen Idealstadt ist also die Essenz aller wünschbaren Städte beschrieben, in ihrer Form hebt sich die Vielfalt des Phänomens Stadt, wie sie die Geschichte hervorgebracht hat, folgerichtig auf. »Wer eine ihrer Städte kennt, kennt alle, so völlig gleichen sie einander«, lässt Morus den Portugiesen von der Insel berichten.

In allen wesentlichen Punkten verlässt sich dann die Schilderung des Gemeinwesens auf die Stadt, während Landwirtschaft und Landleben gleich zu Anfang des Utopia-Berichts summarisch abgehandelt werden. Schon die Tatsache, dass sich die Bauern aus Städtern rekrutieren, die zwangsweise jeweils zwei Jahre Landarbeit leisten müssen, erweist *Utopia* als ureigenes Gewächs der urban gefärbten Renaissancekultur. Amaurotum, gegründet vor 1760 Jahren durch den Eroberer Utopos, liegt etwa in der Mitte der Insel, seine Fläche ist viergeteilt, jedes Quartier hat seinen eigenen Marktplatz. Nicht nur im Grundriss ist die Stadt sinnvoll angelegt. Sie genießt auch beste Wasserversorgung durch zwei Flüsse, ist vorbildlich befestigt und durch zweckmäßige Straßen erschlossen. Für den Bau ihrer Häuser hat man Granit und Backstein verwendet, nicht etwa Holz. Zu Zeilen zusammengefügt, liegen die Wohnbauten zwischen Straßen und Gärten. Jeweils drei Häuser verfügen über eine gemeinsame Speisehalle, in denen kollektive Mahlzeiten verabreicht werden.

So punktuell diese Beschreibung bleibt: Sie stellt doch einen Katalog von Eigenschaften zusammen, der die Idealstadt zwingend auszeichnen muss, will sie den Anspruch erfüllen, Rahmen für eine vorbildliche Gesellschaft und deren Institutionen zu sein. Allerdings fehlt, was Filarete noch als wesentlich für Rang und Qualität einer Stadt gegolten hatte: bauliche Schönheit, die über bloße Zweckmäßigkeit zumindest so weit hinausginge, dass sie Beschreibung und Erklärung verdiente. »Schön« ist für Morus ein bloßes Attribut. Was im Bauen Utopias zählt, sind allein Praktikabilität und Solidität. Die Häuser von Amaurotum seien so stabil gebaut, dass sie viel länger hielten als übliche Gebäude, deshalb habe die Gesellschaft an Bauhandwerkern auch keinen großen Bedarf. Fast von selbst versteht sich, dass analog zu den Städten auch die Wohnhäuser – aus denen Amaurotum offenbar fast ausnahmslos besteht – zum perfekten Typus entwickelt sind und sich dementsprechend untereinander gleichen. Ein Stadtzentrum fehlt; nimmt man den Bericht von der Vierteilung wörtlich, so müssten in der Mitte die Peripherien der einzelnen Quartiere aneinanderstoßen, was nur schwer vorstellbar ist. Vergebens sucht man Verwaltungs- und Regierungsgebäude, Schulen, herausgehobene Wohnbauten – das ganze urbane Bauprogramm, das eigentlich im Zentrum Platz finden müsste. Was es immerhin gibt, sind geräumige und schöne Sakralbauten. In Utopia herrscht religiöse Toleranz; vorherrschend ist der Glaube an ein »höchstes Wesen«, von dem man freilich wenig erfährt. Auch die Beschreibung der Tempel bleibt merkwürdig blass; lediglich dass sie innen dunkel seien, da man Dämmerlicht der Heiligkeit als dienlich erachte, lässt Morus seinen Gewährsmann berichten.

Es ist ein äußerst reduktives Programm an Urbanität, das *Utopia* vor uns abrollen lässt; ein Programm, dessen Enthaltsamkeit und hohe Abstraktion an sich schon ein kritisches Urteil bedeutet. Denn nicht nur nach den modernen architektonischen Normen Italiens, wie sie Filarete beschwört, hätte die Schöpfung einer vorbildlichen Stadt geradezu zwingend hohes Engagement sowohl für deren praktische Funktionstüchtigkeit als auch für den ästhetischen Rang von Raumbildung und Architektur verlangt. Großzügigkeit und Schönheit gerade der öffentlichen Bauten, an denen es Amaurotum so augenscheinlich mangelt, gehörten unverzichtbar schon in den Wertekatalog des mittelalterlichen Städtelobs. Die Autoritäten Utopias hingegen lassen auf allen Ebenen der Lebensführung, von Wissenschaft und Studium einmal abgesehen, stets nur das Kriterium des notwendigen Minimums gelten. Alle bis hin zum Staatspräsidenten tragen Einheitskleidung, praktisch und solide, aber stets naturfarben und ohne Raffinesse in Tuch oder Schnitt. Gold und Silber werden zwar von Staats wegen für Notzeiten gehortet, finden aber ausschließlich für Nachtgeschirre und Sklavenketten Verwendung, damit das Volk nur ja nichts Erstrebenswertes darin erkenne. Ochsen stehen in höherem Ansehen als Pferde, seien diese zwar unbestritten feuriger, aber doch viel anfälliger für Krankheiten. Kein Wunder, dass diesem Generalverdikt gegen alles Scheinhafte und Überflüssige die Kunst insgesamt geopfert wird. Braucht man das Bauen noch aus praktischen Gründen und wird Musik immerhin zur Erholung nach dem Abendessen gespielt, so ist mit Bedacht nirgends von Malerei oder Skulptur, von Kunsthandwerk oder Poesie die Rede.

Ob Morus hier sein eigenes Programm der Idealstadt verhandelt oder eine lediglich aus experimentellem Interesse an den Grenzen des Vorstellbaren angesiedelte Gesellschaft beschreibt, ist keineswegs sicher und kann an dieser Stelle kaum entschieden werden. Morus ist es jedenfalls, der die politische und ökonomische Struktur der Idealstadt als Erster nachdrücklich auf das Ziel kollektiver Glückseligkeit ausgerichtet hat. Bei Filarete war das noch keineswegs der Fall – für ihn zählten nur der Fürst und sein Hof, und die Wohnungen der einfachen Leute, die das Einzige sind, wovon wir uns in Amaurotum eine hinlänglich klare Vorstellung machen können, kamen bei ihm programmgemäß gar nicht vor: Ein armer Mann müsse zusehen, wie er ohne Architekten zurechtkomme, Hauptsache, er habe ein Dach über dem Kopf.

Als Paradebeispiel für zufriedene Lebensführung lässt Morus den Erzähler von den Makarensern berichten, Nachbarn der Utopier, die das Glücklichsein schon im Namen tragen (griechisch *makaroi* = die Glücklichen). Was sie von ihren Antipoden, den Achoriern, in erster Linie unterscheidet, ist nicht zuletzt ihr Desinteresse an jeder Expansion des nationalen Kapitals. Ihr Staatsschatz dürfe niemals mehr als 1000 Gulden enthalten; alles was darüber hinausgehe, müsse der König unverzüglich ausgeben. Auf diese Weise, so der welterfahrene Berichterstatter Hythlodaeus, würden Kriegsgelüste am besten im Zaum gehalten. Als Vorbild werden Makarenser ferner deshalb gepriesen, weil sie mit ihrem einmal definierten Territorium auf alle Zeiten zufrieden seien. »Keine Stadt wünscht ihr Gebiet auszudehnen«, heißt es dann auch im Bericht über Utopia, womit Selbstlimitation und territoriale Stagnation als strukturbildende Prinzipien neuzeitlicher

Staatsutopien auf lange Sicht festgeschrieben sind – bis hin zu Monopoly.

Verknappung der Güter und Investitionen, Expansions- und Luxusfeindschaft, Kunstferne – das sind elementare Bausteine politischer Utopie, die von *Utopia* aus weit in die Neuzeit hinein ausstrahlen. All diese programmatischen Einschränkungen beziehen ihre Notwendigkeit aus einem Denken, das sich allein der rationalen Vervollkommnung von Staat und Gesellschaft verschreibt, um aus dem optimierten System der Institutionen menschliches Glück herzuleiten. Grundlage der ganzen Existenz Utopias ist die Absage an Privateigentum. Sie wird bei Morus nicht einmal ausführlich begründet, sondern als Bedingung der Möglichkeit stets nur implizit behandelt. Man könnte die Politik Utopias in ihrem Grundzug als Erzwingung von Zufriedenheit durch Versorgung bei gleichzeitiger Beschränkung individueller Freiheiten beschreiben. Gerade in diesem charakteristischen Ansatz hat man die Neuzeitlichkeit, ja Modernität des Staatsentwurfs bei Thomas Morus begründet gesehen: »Die andere Welt Utopia ist also eine institutionelle Welt. Die utopischen Institutionen sind aber auch bessere Institutionen als die der wirklichen Welt, denn sie sind auf menschliche Vernunft gegründet« (Thomas Nipperdey). Zugleich ist die Insel eine soziale Zone, die offenbar – wenn auch unausgesprochen – auf strikter Kontrolle und Disziplinierung beruht. Reisen ist zwar nicht grundsätzlich verboten, doch auch in begründeten Fällen nur mit Genehmigung der Regierung möglich; dann allerdings wird dem Reisenden sogar ein Ochsenkarren mit staatlichem Sklaven gestellt. Aber wehe, man wird als jemand, der aus bloßer Entdeckerlust reist, »außerhalb seines Bezirks [...] ohne amtlichen Erlaubnisschein angetroffen«. Herumstreunen ist ein ernstes Vergehen, das beruht auf dem mittelalterlichen Sündenkatalog, der die *curiositas* für verwerflich erklärt hatte. In *Utopia* wird der Neugierige »als Ausreißer betrachtet, schmählich zurückgebracht und hart gezüchtigt; wagt er dasselbe noch einmal, so wird er mit Zwangsarbeit bestraft.« Subtiler ist der Druck, der zur Teilnahme der Bürger an der kollektiven Verköstigung ausgeübt wird, hier herrscht lediglich der Schein von Freiwilligkeit: »Denn wenn es auch keinem verboten ist, zu Hause zu speisen, so tut es doch niemand gern, da es nicht für anständig gilt und zudem töricht wäre, sich die Mühe der Zubereitung eines schlechten Essens zu machen, während ein gutes und reichliches in der so nahen Halle bereitsteht.«

Hatte mit dem Erscheinen der *Utopia* die Idealstadt älteren Typs, als räumlich fassbares Gebilde von Architekten entworfen und dementsprechend in Grund- und Aufriss darstellbar, endgültig ausgespielt? Man müsste die Frage bejahen, hätte nicht Albrecht Dürer (1475-1529) gegen Ende seines Lebens die Idee der zeichnerisch entworfenen und zugleich textlich beschriebenen Stadt aufgegriffen. Allgemein wird angenommen, dass er den ungedruckten Traktat Filaretes nicht gekannt haben konnte, aber manches spricht bei näherem Hinsehen doch dafür. Ursprünglich wollte er seine Stadt rund angelegt wissen, erst längere Auseinandersetzung führt ihn zu einem quadratischen Entwurf. Die Emphase auf der Grundrissbildung der Stadt – Dürer bietet vier Pläne, verzichtet aber völlig auf Ansichten – hat nur bei Filarete einen glaubhaften Vorläufer. *Etliche underricht, zu befestigung der Stett, Schloß, und Flecken* ist die schmale Edition mit 21 Holzschnitten betitelt, die im Oktober 1527 bei Hieronymus Andreae in Nürnberg gedruckt wurde und später unter dem Titel *Befestigungslehre* bekannt wurde. Das Erscheinungsjahr hatte einen Konflikt von europäischer Dimension mit sich gebracht: den *sacco di Roma*, die gnadenlose Plünderung Roms und die Gefangensetzung des Papstes durch die Truppen Kaiser Karls V., oberflächlich gesehen eine Folge von Macht- und Allianzpolitik, in Wirklichkeit eine erste kriegerische Konsequenz aus dem Religionskonflikt, der sich im Gefolge der Reformation bereits andeutete. In diesen unsicheren Zeiten, an denen der alternde Dürer empfindlich gelitten hat, erlebte die Militärbaukunst einen erheblichen Aufschwung, und es war zweifellos der Ehrgeiz Dürers, seine im Sinn der Renaissance universale Kompetenz als Künstler durch einen ausgereiften Vorschlag zum Bau befestigter Herrscherresidenzen unter Beweis zu stellen. Für die Auffassung der Zeit spricht die weit ausgreifende Definition des Themas. Dürer begnügt sich keineswegs mit dem Entwurf

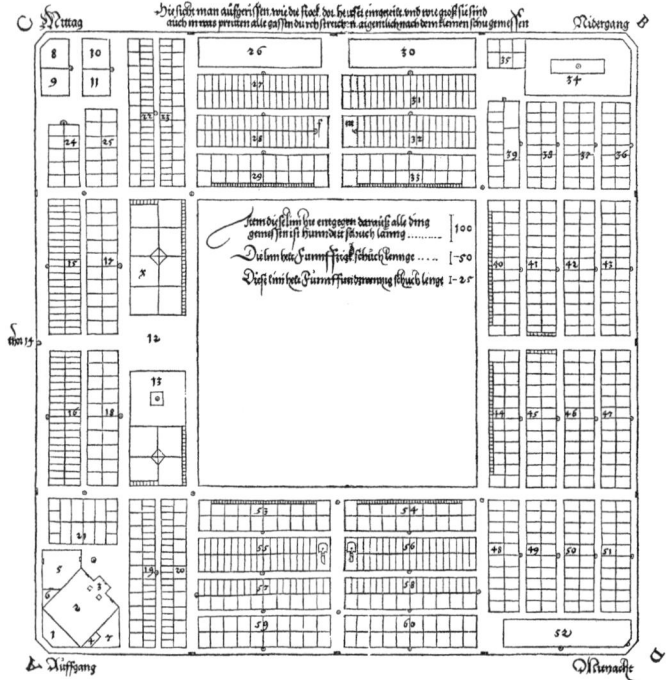

48 *Albrecht Dürers Stadtgrundrisse (1527) erinnern an das Mühle-Spiel.*

eines einzelnen Schlosses; er behandelt den Residenzbau sogar nur oberflächlich und legt stattdessen größten Wert auf die ausgefeilte Disposition der städtischen Siedlung (Abb. 48), die sich zwar einerseits im Schutz des Wehrschlosses zu ducken scheint, aber andererseits selbst eine Schutzzone um die Residenz – *das herrlich Haus des Künigs* – errichtet.

Die Detailfreude, mit der Dürer im Begleittext Funktion und Form der Stadt beschreibt, hat in der Renaissance kaum Parallelen. Mit Buchstaben werden Textverweise in die Pläne eingearbeitet, damit der Leser genau verfolgen kann, welcher

Zweck welchem Grundstück zugewiesen ist. Im Unterschied zu Filarete zeigt sich Dürer weniger am Bauvorgang selbst als am städtebaulichen Ergebnis interessiert. Dabei überdeckt seine fast katalogartig nüchterne Beschreibungstechnik auf den ersten Blick die hohe funktionale Komplexität, die seinen Entwurf auszeichnet. Eine ganze Reihe von Kriterien ist es, anhand derer Dürer die Stadtgestalt erklärt. Zuerst lernt der Leser, dass er eine Stadt *in extremis* vor sich hat – ein Gemeinwesen, das sich dem Entwurf zufolge im permanenten Kriegs- und Belagerungszustand befindet und deshalb nicht nur einer raffinierten Außensicherung mit mehrfachen Gräbern und Mauern, Toren und Brücken bedarf (Abb. 49),

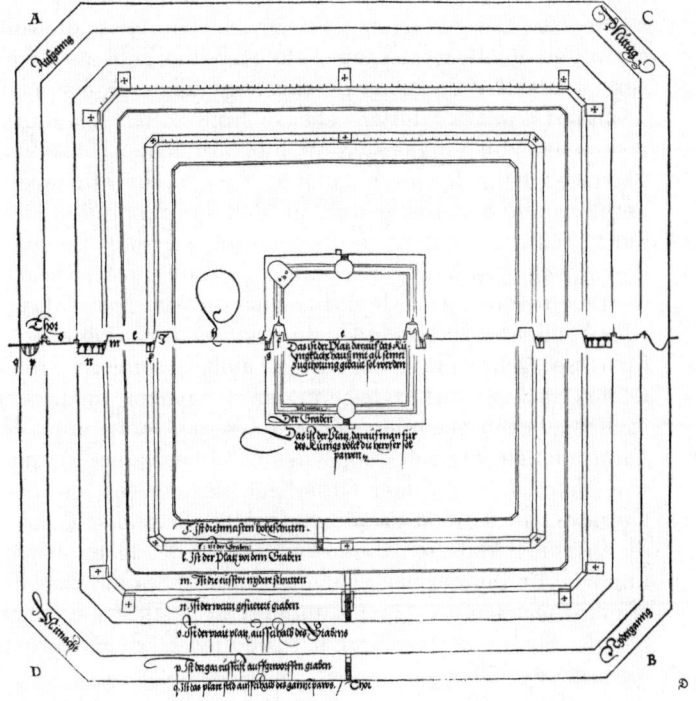

49 *Safety first!* Dürers Befestigungsplan mit Gräben und Sperranlagen

sondern auch im Binnenentwurf vielfach auf militärische Sperrtechnik zurückgreift. Am deutlichsten zeigt sich das urbanistische Sicherheitsdenken im Schloss, das im exakten Zentrum des Plans situiert und trotzdem gegen die umliegende Stadt aufwendig befestigt ist – gegen einen äußeren Feind, der alle anderen Sicherungen überwinden und bis hierher vordringen konnte, aber offenbar ebenso gegen die Untertanen.

Zweitens fallen in Dürers Erläuterung die durchgehend exakten Maßangaben auf. Lange schon hatte der Künstler an seinem Werk *Vier Bücher über menschliche Proportion* gearbeitet, das gewichtigste Werk über die Proportionen des menschlichen Körpers, das die Renaissance hervorgebracht hat. Erst 1528 konnte es postum erscheinen. Es verwundert kaum, dass der Autor ein Jahr zuvor auch auf städtebaulichem und architektonischem Feld Maß und Zahl als die bestimmenden Größen einer rational begründeten Kunstpraxis postuliert – mit mindestens ebenso großem Recht, wie man sagen darf. Von den meisten Architekturtraktaten seiner Zeit unterscheidet sich Dürer dadurch, dass er die prinzipielle Verpflichtung der Architektur auf Maß und Proportion nicht nur behauptet, sondern zu allen Einzelheiten des Entwurfs deren jeweiliges Maß genau mitteilt, sowohl im Plan wie in der Beschreibung. Die Möglichkeit des direkten Nachvollzugs aller Maße ist wahrscheinlich nicht nur dem nachahmenden Interesse fachkundiger Leser geschuldet, sondern erhebt Dürers Stadtentwurf zugleich in den Rang einer praktischen städtebaulichen Schönheitslehre. An keiner Stelle nutzt der Autor die naheliegende Möglichkeit, auf besondere Vorzüge von Material, Form oder Ornament hinzuweisen, die dem Grundriss nicht direkt zu entnehmen sind. Stattdessen sind es die absoluten Maße und deren Verhältnisse, an denen sich die implizite Forderung nach Generosität und Stimmigkeit der öffentlichen Räume – nichts anderes ist letztlich die Schönheit der Stadt – zu bewähren hat und die tatsächlich höchste Ansprüche erfüllen.

Was Dürers Befestigungslehre weiterhin auszeichnet, ist die weit aufgefächerte funktionale Differenzierung der Stadt, die sich unmittelbar aus dem sozialen Gefüge der Bevölkerung herleitet. Auch hier nimmt Dürer einen Standpunkt ein, der in denkbar scharfen Kontrast zu Thomas Morus tritt. Hatte dieser an Amaurotum als Hauptstadt Utopias die radikale Beschränkung der Gewerbe auf die wirklich notwendigen gelobt, so breitet Dürer vor dem Leser das gesamte Spektrum an Berufen aus, dem die spätmittelalterliche und frühneuzeitliche Stadt ihre wirtschaftliche Blüte, aber auch ihre Buntheit und ihre Welthaltigkeit verdankte. Jeder Stand, jedes Gewerbe, buchstäblich jedes Lebewesen erhält in Dürers Stadt seinen genau begründeten Ort: von den Hofbeamten über den Klerus bis hin zu Huf-, Bunt- und Helmschmieden, von den zweitausend Pferden der Hofstallungen über Gießereibetriebe bis zu Schneidern, Bäckern, Fleischern, Brauern und Schankwirten. Windrichtungen, Raumbedarf, Transportmöglichkeiten, Zugänglichkeit, Stellung in der gesellschaftlichen Hierarchie sind die wichtigsten Kriterien, an denen sich Dürers Kunst der topographischen Verteilung ausrichtet.

Im Ganzen gesehen sind es die vorher in dieser Totalität unbekannte Determiniertheit des Stadtkörpers sowie dessen soziale und proportionale Ausdifferenzierung, die Dürer dem Motiv- und Ideenhaushalt der Idealstadt neu hinzufügte. Anders als in Morus' *Utopia* kann die Gesellschaft, der seine Stadt als Lebensraum dient, kaum Anspruch auf utopische Grenzüberschreitung erheben. Dafür wird die Stadt selbst in ihrer planimetrischen und architektonischen Struktur zum Feld räumlicher, funktionaler und bautechnologischer Experimente, die dem Anspruch auf einen äußersten Grad an rationaler Flächennutzung ebenso gerecht werden wollen wie der Maßgabe optimaler Sicherheit und vollkommener Proportion. Von Filaretes Fürstenstadt ausgehend, aber deren Beispiel weit überschreitend, versucht Dürer noch einmal die Forderung zu erfüllen, mit der Gestalt der idealen Stadt auch den Ausgangspunkt für die Entwicklung einer idealen Art des Bewohnens zu schaffen.

Morus hatte die Vision eines idealen Staates – von der man nicht genau weiß, ob sie seine eigene ist – mit einer erzählerischen Eleganz entfaltet, die man in den meisten nachfolgenden Staatsromanen vergebens sucht. Tommaso Campanellas protokommunistischer Sonnenstaat *(Civitas solis)*, 1602 und 1611 in zwei Fassungen entstanden, bleibt im Duktus ähnlich trocken wie Johann Valentin Andreaes Gegenentwurf *Christianopolis* von 1619 – drängt sich doch in beiden Fällen die aufzählende und beschreibende allzu sehr vor die erzählerische Perspektive, während Bilder entweder ganz fehlen oder allenfalls im rein illustrativen Sinn Verwendung finden.

Campanella, ein Dominikanermönch und politischer Rebell (Abb. 50), hat seinen Roman in neapolitanischer Haft verfasst. Er lässt wiederum einen Seefahrer, diesmal einen Genuesen, von einem idealen Staat berichten, den er auf der Insel Taprobana (Ceylon) angetroffen hat. Gleich zu Anfang wird die physische Erscheinung jener Stadt geschildert, die das Gehäuse für den straff organisierten Staat und sein profaniertes Priesterregiment unter dem Zeichen der Sonne bereitstellt. Wie schon das sagenhafte Atlantis, von dem Platon im *Staat* und im *Kritias* berichtet, liegt die Sonnenstadt auf einem Hügel. Durch sieben konzentrisch angelegte, mit lehrhaften Bilderzyklen geschmückte Befestigungsringe ist sie militärisch wie ideologisch perfekt gesichert – eine Vorstellung, die Campanella letztlich von den Planeten und ihren Bahnen ableitet. Diese kosmische Rechtfertigung gewinnt in

50 *Tommaso Campagnella, Dominikanermönsch aus Kalabrien, erfand und beschrieb den autoritären Sonnenstaat (*Civitas solis, *1602). Porträt von Nicolas de Larmessin.*

der Idee der Stadt so sehr an Gewicht, dass Campanella seine Baubeschreibungen gewissermaßen an den Mauern entlangführt, statt die radiale Erschließung der Stadt von der Peripherie zum Zentrum anschaulich nachzuvollziehen. Man erfährt nur, dass man dabei Treppen emporzusteigen und Tore zu durchqueren habe, kann sich aber keine klare Vorstellung davon machen, in welcher Weise dieser *gradus ad parnassum* visuell gefasst und architektonisch inszeniert sein soll. Immerhin, darstellende Kunst ist hier in die Staatspropaganda – die es in Morus' utilitaristischem Konzept gar nicht gibt beziehungsweise nur durch sein eigenes Buch geleistet wird – an prominenter Stelle einbezogen.

Verglichen mit Filaretes Sforzinda – dem architektonischen Idealstadtentwurf schlechthin – gewinnt der Leser das Gefühl, der Weg in die Stadt gestalte sich allein in der Überwindung von Barrieren, nicht in folgerichtigen Seh- und Bewegungsabläufen. Daran ändert auch nichts, dass Campanella die Bebauung entlang der Mauerringe als Sequenz prächtiger Gebäude schildert, die sich – ähnlich wie die Häuser in *Utopia*, aber aufwendiger und auf Repräsentation bedacht – ohne Baulücken zu geschlossenen Zeilen zusammenfügen. Schon Platon hatte das Bauverfahren in den *Nomoi* (Gesetze) nachdrücklich empfohlen; auch in den mittel- und oberitalienischen Städten des Mittelalters und der Renaissance war es vielfach zur Anwendung gekommen. Architektonisch gesehen verdient die *città del sole* also kaum den Namen Utopie. Worin sie sich umso eindrucksvoller von jeglicher Wirklichkeitserfahrung entfernt, ist ein ganzes Arsenal ausgeklügelter mechanischer Erfindungen, die dem Thema der Lebensbewältigung durch Technik eine neue Priorität im Vorstellungshorizont von Städten verleihen. Genial konstruierte Wagen und maschinell bewegte Schiffe, künstliches Licht und Klimasteuerung – darin knüpft Campanella an die konkreten Phantasien seines Landsmanns Leonardo da Vinci an und nimmt erzählerisch bereits den Reiz von Jules Vernes Romanen vorweg.

Ordentlich und systematisch stellt dann der schwäbische Theologe Johann Valentin Andreae der kirchenkritischen

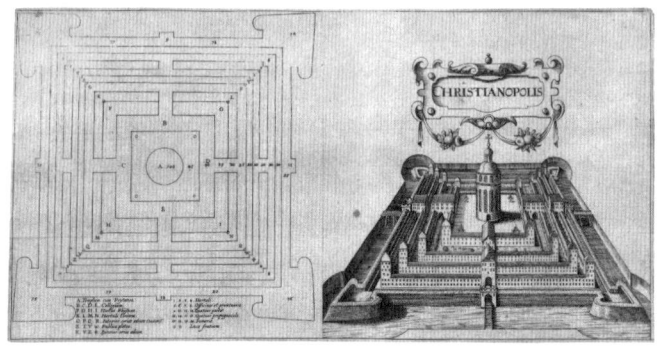

51   *Gesittet, aber langweilig geht es zu in Johann Valentin Andreaes*
Christianopolis *(1619)*

Vision Campanellas seine sittenstrenge christliche Stadt entgegen. Eine allegorische Havarie – es ist das Schiff der Phantasie, das im Sturm untergeht – lässt den Ich-Erzähler an den Ufern einer Insel stranden, die Capharsalma heißt, also wiederum einen höchst unwahrscheinlichen Namen trägt. Zusammen mit einem freundlichen Begleiter macht er sich auf den Weg, die fromme Hauptstadt des Inselstaates zu erkunden. Andreae stellt die sprichwörtliche *Christianopolis* in einer gestochenen Perspektive sogar anschaulich vor Augen (Abb. 51). Möglich wird dieser Akt der Visualisierung freilich erst dadurch,dass sich die erdachte Stadt in Anlage und architektonischem Entwurf eng an eine tatsächlich existierende Planstadt anlehnt – das württembergische Freudenstadt, das sich nach Plänen von Heinrich Schickhardt seit 1599 im Bau befand und wie die erzählte Stadt Christianopolis als Asyl für Religionsflüchtlinge gedacht war. 1945 zerstört, wurde Freudenstadt über unverändertem Grundriss in eigenständiger Architektur wiederaufgebaut. Ursprünglich besaß die Stadt giebelständige Häuser; die imposante Weite und das gelungene proportionale Verhältnis zwischen Freiraum und gebautem Volumen ist gleichwohl vor Ort noch gut nachzuvollziehen (Abb. 52). Der riesige zentrale Platz hätte ursprünglich mit dem Residenzschloss des Herzogs von Württemberg bebaut werden sollen, wozu es freilich nie gekommen ist.

Ähnlich wie Freudenstadt soll sich auch Christianopolis über quadratischem Grundriss erheben; die Bebauung legt sich in konzentrisch geführten Quadratlinien um den zentralen Platz. Andreae rechnet mit Zeilenbauten, die das einzelne Haus im Ganzen aufgehen lassen. Über die Zwischenstufe Freudenstadt führt diese Disposition von Christianopolis letztlich auf Dürers Befestigungslehre von 1527 zurück, die ein graphisches Urmuster für viele quadratische Planstädte des 16. und 17. Jahrhunderts lieferte. Dank seiner wenig organischen Verknüpfung von republikanischer Verfassung, lutherischer Religion und Armutsideologie stellt Christianopolis in der Geschichte der Utopien eher ein Kuriosum als einen Markstein dar. Der Grad an architektonischer Konkretisierung – jede Funktion, jedes Amt, jede Einrichtung erhält ihren eigenen Bau – ist letztlich das Produkt katalogisierenden Übereifers und keineswegs gestaltfähiger Phantasie, wie wir sie bei Dürer und auch in Freudenstadt am Werk sehen.

52 *Dürer stand Pate bei der Gründung von Freudenstadt (1599) im Herzogtum Württemberg, geplant von Heinrich Schickhardt (1558–1635) und 1945 zerstört. Aufnahme nach dem Wiederaufbau.*

Bei Andreae führt die Einschaltung von Baubeschreibungen nicht zu willkommener Ausschmückung des Berichts, sondern eher zu Eintönigkeit und erzählerischer Verarmung. Werden Idealstädte erzählt und nicht architektonisch entworfen, so bekommt es den Texten meistens gut, wenn sie den Bestand an Beschreibungen bewusst schmal halten und im Zweifel eher zu wenig als zu viel von der Stadtgestalt verraten. Francis Bacons *Nova Atlantis* von 1627 enthält nur zwei Baubeschreibungen, aber beide sind von außergewöhnlichem Reiz. Der Roman ist nach Morus das Musterbeispiel einer ausschnitthaften Stadtvision, die sich Redundanz versagt und gerade dank ihrer ›offenen Ränder‹ an Prägnanz und Lebendigkeit gewinnt.

Städte in Zeiten der Krise: Monopoly und Broadacre City

Idealstadt – das Wort entführt uns in hohe Sphären der politischen Theorie und des architektonischen Experiments. Wir haben Idealstädte als Architektenträume und als literarischen Stoff, als Huldigungen an Herrscher und als Postulate an die spekulative Phantasie wagemutiger Intellektueller kennengelernt. Auch im Denken der Moderne hinterließ die Vorstellung der Idealstadt noch deutliche Spuren. Als Medium der nunmehr zeitlich gedachten Utopie traten zwar seit dem Ende der Frühen Neuzeit die konkreten Formen der Stadtgrundrisse und der Symbolgehalt von Architektur hinter die Möglichkeiten politischer und rechtlicher Zukunftsmodellierung zurück. Der klassischen Utopieforschung galt die Architektur hingegen, bei Ernst Bloch vor allem, immer noch als legitime Sprache des Gesellschaftsentwurfs und damit als primäre Ausdrucksform der Utopie. »Bauten, die eine bessere Welt abbilden«, kamen jetzt als »architektonische Utopien« auch terminologisch zu ihrem Recht *(Das Prinzip Hoffnung)*. In den städtebaulichen Diskurs, der um die Wende vom 19. zum 20. Jahrhundert eine Blütezeit erlebte, fanden typische Argumentationsmuster der Idealstadt erst recht Eingang.

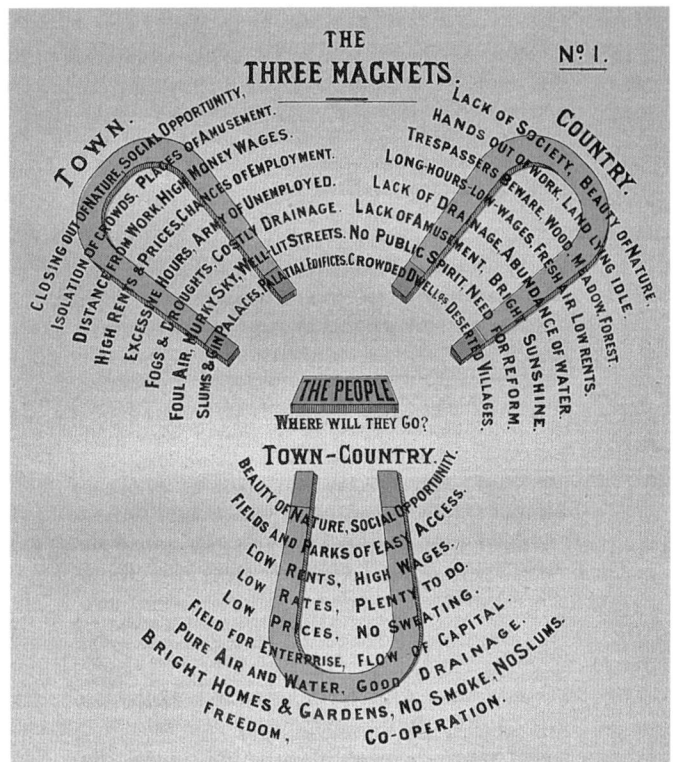

53 *Zugkräftig: die drei Magneten der Gartenstadt, ersonnen 1898 von Ebenezer Howard und 1902 unter dem berühmten Titel* Garden Cities of Tomorrow *publiziert*

Ebenezer Howards bahnbrechende Theorie der Gartenstadt (*Garden Cities of Tomorrow*, 1902, Abb. 53) verband die Idee eines topographischen und funktionalen Netzes mittelgroßer Städte mit Planungsgrundsätzen wie konzentrischer Disposition, Durchgrünung, Trennung zwischen Arbeits-, Wohn- und Verkehrszonen und schließlich mit einer durchgreifenden Boden- und Eigentumsreform. Die Vision des ehemaligen Parlamentsstenographen – Howard teilte seinen Beruf mit Elizabeth Magie – gehört ohne Zweifel in die weit zurückreichende Stammtafel der architektonischen Utopie. Vergleichbar mit dem Städteensemble aus Thomas Morus' *Utopia* bietet auch sie das Wunschbild eines autonomen Siedlungsverbunds, der in der Lage ist, Konzentration und Weite, Stadt und Land miteinander zu verknüpfen. Zum Wohl der Bewohner wird vor ökonomischen Restriktionen nicht Halt gemacht; Produktion und Selbstversorgung zählen viel, Handel wenig. Nie wurde Howards Vision zur Gänze umgesetzt, aber in mannigfachen Variationen hat sie auf den reformerischen Städtebau eingewirkt – in Europa wie in den USA.

Was sich zum Beispiel in Deutschland kurz nach der Wende zum 20. Jahrhundert unter der Bezeichnung »Gartenstadtbewegung« zusammenfand – bedeutende Architekten wie Richard Riemerschmid und Bruno Taut hatten sich ihr verschrieben –, blieb hinter Howards Anspruch, nicht weniger zu bieten als einen ausgreifenden Gesellschaftsentwurf, weit zurück, und auch in sich wirkte die Gartenstadtbewegung alles andere als homogen. Ihr negatives Movens, die Ablehnung der Großstadt, überwog bei weitem die positive Schnittmenge an Planungs- und Gestaltungsgrundsätzen. Immerhin, Hebung der Wohnqualität dank Durchgrünung und Naturnähe blieb ein dauerhaftes Anliegen der Reformer. Die politischen und gesellschaftlichen Anliegen Howards hingegen scheiterten, bevor sie den Weg in die Realität auch nur hätten antreten können. Gerade in ihrer begrenzten Durchschlagskraft kann die Gartenstadt so als Muster für die gesellschaftliche Funktion von Utopien nicht nur architektonischer Prägung dienen. Auf die wörtliche Übersetzung des utopischen Entwurfs in eine wie immer geartete Realität kommt es dabei keineswegs an – sie ist definitionsgemäß gar nicht möglich. Utopie bedeutet immer Umkehrung von Erfahrung und Schaffung neuer Wirklichkeit im gedanklichen Experiment, im sprachlichen oder gestalterischen Wagnis. Erst die Negation des vermeintlich Gegebenen ist es, aus der dann neue Freiräume für Entwicklung, für Revolutionen oder auch für Innovationen in der Wirklichkeit entstehen können. In langfristiger Perspektive erweisen selbst elitäre utopische Konstruktionen ihre Fähigkeit, modulierend und erweiternd auf Wirklichkeit einzuwirken – wozu nicht zuletzt das Hervorbringen weiterer, zuweilen auch trivialisierter Utopien gehört.

Wenn überhaupt, dann kann nur in diesem Sinn der Anschluss eines Gesellschaftsspiels wie Monopoly an die Tradition der Idealstadt-Experimente der Neuzeit behauptet werden. Allerdings: Monopoly war nie ein Spiel für Anspruchsvolle. Im Gegenteil, die Suche nach Popularität und Breitenwirkung war schon Zielvorgabe für Charles Darrow bei seinen ersten Versuchen mit der Spielidee in Germantown gewesen, und erst recht galt die Aussicht auf reibungslose Marktgängigkeit den Produzenten Parker Brothers als oberster Maßstab bei der Übernahme neuer Produkte in ihr Programm. So wenig wir über Darrow wissen, so überzeugt können wir sein, dass er alles andere als ein gründlich belesener Intellektueller war, der sich etwa mit Stadtvisionen der Renaissance eingehend beschäftigt hätte. Andererseits waren die Spiele, von denen Darrows Monopoly seinen Ausgang genommen hatte, in akademischen Umgebungen entwickelt und erprobt worden. Besonders die Phantasie von Ökonomen und Gesellschaftswissenschaftlern – die immer wieder auch Weltverbesserer sein wollten – hatte in den diversen Prototypen ihre Spuren hinterlassen. Von daher wäre man durchaus im Recht, Konzeption und Disposition Monopolys versuchsweise auf die Überlieferung der europäischen Idealstadt zu beziehen. Hinzu kommt, dass Rezeptionsvorgänge sich im gesamten Bereich der Kultur auf verschlungenen Pfaden und über erstaunlich lange Zeiträume abspielen. Deshalb gelingt es keineswegs immer, einen historisch unbezweifelbaren Mechanismus von Ausgangspunkt, Kenntnisnahme und Wirkung zu rekonstruieren, wenn es darum geht, Verwandtschaften zwischen entlegenen Ideen, Motiven und Formen glaubhaft zu machen. Diese exakten Koppelungen im Prozess des Wissens- und Ideentransfers muss es gar nicht immer gegeben haben; trotzdem können sich über gänzlich unvermutete, nicht gesuchte Wege, durch zufällig Gehörtes oder beiläufig Aufgeschnapptes Kenntnisse vermitteln, Halbwahrheiten addieren und am Ende zu neuen, schlagkräftigen Bildern verschmelzen.

Eines wird im Vergleich Monopolys mit den maßgeblichen Beispielen bereits der frühneuzeitlichen Stadtvisionen deutlich: Die Berührungspunkte sind alles andere als oberflächlich, strukturelle und motivische Schnittstellen ziehen nicht nur den ersten, sondern auch den zweiten Blick auf sich. Als Spiel zwar von vornherein auf einen handfesten Zweck im Alltag ausgerichtet, lässt sich Monopoly dennoch erstaunlich konsequent als Idealstadt betrachten und beschreiben. Das Spielbrett ist zugleich Stadtplan. Als *orbis quadratus* vom Kreis abgeleitet (Abb. 54), verbindet die Fläche die maximale Symmetrie des Kreises mit der Gerichtetheit des Vierecks. Die Himmelsrichtungen wiederum, die sich aus dem Lauf der Sonne ergeben und nach denen man auch die Hauptwindrichtungen definiert, gehören schon seit dem Architekturbuch Vitruvs aus dem 1. Jahrhundert vor Christus zu den feststehenden natürlichen Größen, auf die jede Stadtgründung Rücksicht nehmen muss. Auch Monopoly unterstreicht die Lage der Himmelsrichtungen durch Benennung der Bahnhöfe; im deutschen Spiel etwa liegt der Nordbahnhof auf halber Strecke der oberen Straßenzeile. Dementsprechend verläuft der Monopoly-Schriftzug im Mittelfeld von West nach Ost. Monopoly ist damit eine exakt genordete Stadt. Dem klassischen Muster der Gründungsstadt entspricht das nicht ganz; Vitruv zufolge müsste sie um 45 Grad gegen die Hauptwindrichtungen gedreht werden, wie dies etwa bei Dürer auch geschieht.

Anders als die Stadtgrundrisse Filaretes und Dürers erfährt das Monopoly-Spielbrett seinen Sinn nicht – oder nur eingeschränkt – durch die Abbildung eines einmal erreichten baulichen Zustands, vielmehr zeigt es die Stadt im fortlaufenden Wandel einer dynamischen Nutzung. Dieser spezifisch moderne Zug in der Auffassung der Stadt als sozialer und architektonischer Form wird gleich auf mehreren Ebenen deutlich. So entspricht es der Logik des Laufspiels, dass die Mitspieler – die in diesem Fall auch Bewohner der Stadt sind – ihre Figuren ständig in Bewegung halten. Die Spielbewegung, und das ist für ein Laufspiel ungewöhnlich genug, verläuft allerdings nicht linear vom Startpunkt aus zu einem definierten Ziel, sondern zyklisch entlang des Straßengevierts um das freie Mittelfeld herum. Ausweichmöglichkeiten gibt es nicht; als Spieler findet man keine Möglichkeit, die Stadt zu verlassen oder vom Weg abzuweichen. Lediglich metaphorisch bezeichnen die Bahnhöfe – Stadttoren ähnlich – Ausgänge aus der Stadt beziehungsweise Zugänge in sie hinein. Nicht

54 *Gott zirkelt die Welt als* orbis quadratus. *Genesis-Illustration aus einer* Bible moralisée *des 13. Jahrhunderts. Wien, Österreichische Nationalbibliothek.*

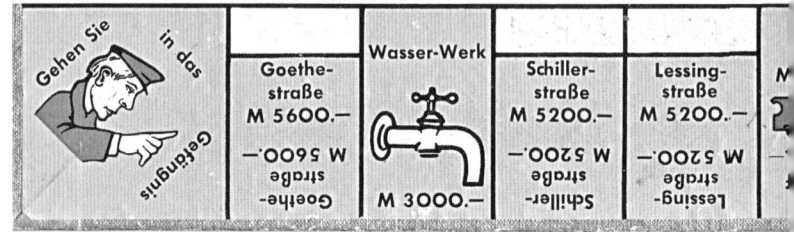

55 *Monopolys Kulturmeile von Goethe- bis Theaterstraße*

nur das Prinzip ständiger Bewegung ist durch die Regeln festgelegt, sondern auch deren Richtung mit dem Uhrzeigersinn. Der Pfeil auf Los weist den Weg, der im Süden beginnt und über die West- und Nordseite bis zur östlichen Straßenzeile führt, um wieder bei Los zu enden.

Mit dem Vollzug des Bewegungszyklus bringt der Monopoly-Bewohner auch einen Parcours des sozialen Aufstiegs hinter sich. Zuerst werden mit den violetten – in manchen Ausgaben braunen –, blassblauen und hellroten Straßen die preis- und mietgünstigen Quartiere durchquert, dann mit den hellbraunen, orangen und gelben Straßengruppen die gehobenen Viertel. Auf topographische Namen gediegenen Klangs – Wiener Platz – folgen eine »Kulturmeile« – Museumstraße, Opernplatz –, schließlich ein vermutlich gutbürgerlich, vielleicht auch intellektuell geprägtes Dichterviertel – Lessing-, Schiller-, Goethestraße (Abb. 55). Unterbrochen durch den Hauptbahnhof, lässt die Ostzeile das politisch-repräsentative beziehungsweise kommerzielle Zentrum – Rathausplatz, Bahnhofstraße – und die Nobelwohnlage mit Parkstraße und Schlossallee aufeinander folgen.

Das Gefälle von Quartieren nach Funktion, Gewerbe und sozialem Status der Bewohner ist einerseits zu allen Zeiten unwillkürliches Ergebnis von Stadtentwicklung, gehört aber andererseits auch zu den bewusst gewählten Ordnungskriterien, denen Stadtentwürfe jeglicher Art gehorchen. In Dürers befestigter Stadt haben wir ein Beispiel dafür kennengelernt. In der Tat war der Renaissance die Entsprechung zwischen geometrischer und sozialer Ordnung ein besonderes Anliegen. So sollte der Dreistrahl, den ein nicht sicher identifizierter Architekt – vielleicht Leon Battista Alberti – um 1450 als Grundriss für den römischen Borgo zwischen Engelsbrücke und Vatikan entwarf, eine zünftisch gegliederte Siedlungsstruktur in einem Stadtviertel etablieren, das bis dahin als »großer Basar« – als Musterbeispiel für Unordnung – gegolten hatte. Ordnung durch Trennung des Unzusammengehörigen: Das galt der Frühen Neuzeit als wesentliches Mittel städtischer Sicherheitspolitik und als Argument innerer Befriedung, dem ähnliche Wichtigkeit zukam wie der äußeren Befestigung.

Hingegen hat im traditionellen Städtebau die zyklische, konzentrisch um die Mitte geleitete Bewegungsrichtung nie ähnliche Bedeutung erlangt wie die geradlinig-radiale, die auf kurzem Weg von der Peripherie zum Zentrum führt. Man muss nur Dürers Stadtgrundriss – der auf den ersten Blick dem Monopoly-Spielbrett so ähnlich sieht – genau anschauen, um zu ermessen, wie wichtig das Prinzip kurzer Wege in jeder rationalen Stadtplanung war. Auch bei Monopoly verdankt sich der ringförmige Parcours weniger urbanem Kalkül als vielmehr der Logik des Laufspiels. Eine besondere Form des kreisförmigen Bewegungsimpetus allerdings hatte in der Geschichte literarischer Orte bereits eine gewisse Karriere durchlaufen. So führt Tommaso Campanella im *Sonnenstaat* den Besucher zunächst den siebenfachen Mauerring entlang und lässt ihn – wir haben es gesehen – erst auf Umwegen sein Ziel, den Sonnentempel auf der Hügelspitze, erreichen. Campanella ruft hier seinerseits einen etablierten literarischen Topos auf, den spiralförmigen Aufstieg von der Ebene zum Berggipfel, der als Ort der Erkenntnis begriffen wird. In Dantes *Göttlicher Komödie* hatte diese Vorstellung bereits eine wichtige Rolle gespielt. Monopoly steht allerdings kaum in dieser Tradition: Weder wird hier erkennbar ein Hügel erklommen noch ein Ziel angestrebt, dem man eine epistemische Würde gleich welcher Art zuschreiben könnte.

Für den Spielablauf ist vor allem die Tatsache, dass man keine Abkürzungen nehmen kann, sondern sich um alle vier Seiten sequentiell bewegt, entscheidend. Denn nur so werden die nicht für den Haus- und Hotelbau gedachten Felder, die zwischen die farbigen Straßen eingestreut sind und geringere Gewinnmöglichkeiten versprechen als Bauinvestitionen, voll in das Spiel integriert. Das gilt einmal für Einrichtungen wie die vier Bahnhöfe, den Parkplatz sowie das Wasser- und das Elektrizitätswerk, die man allesamt als Verweise auf öffentliche Infrastrukturleistungen der Stadt verstehen kann. In der amerikanischen Bauwirtschaft der Dreißigerjahre kommt diesem Sektor eine überragende Bedeutung zu. Präsident Roosevelts New Deal mit seiner Investitionskampagne aus Steuergeldern hatte die massive Auf- und Nachbesserung der öffentlichen Infrastruktur zum Hauptfeld der Politik gemacht; spektakuläre Tief- und Hochbauprojekte, neue Straßen- und Bahnverbindungen, Maßnahmen zur großflächigen Wasserversorgung und Elektrifizierung des gesamten Landes waren zu prioritären Instrumenten der Arbeitsbeschaffung und zum Symbol staatlicher Leistungsfähigkeit geworden (Abb. 56).

Andererseits standen all diese Maßnahmen auch unter starker Kritik der Opposition bis in die Reihen der Demokratischen Partei, galten sie vielen liberalen Amerikanern doch als interventionistische Eingriffe der öffentlichen Hand in den traditionell privaten Wirtschaftssektor. Es kommt deshalb durchaus einem politischen Kommentar gleich, wenn Monopoly die Einrichtungen des Verkehrs und der Energieversorgung in das Spektrum der Investitionsobjekte integriert und damit – vom unverkäuflichen Parkplatz als Abbreviatur

56 *Heroische Landschaft von Menschenhand: Ansel Adams fotografiert 1941 den Hoover Dam an der Grenze zwischen Arizona und Nevada, erbaut im Arbeitsbeschaffungsprogramm 1931–1935*

des Autoverkehrs einmal abgesehen – programmatisch zu Privateigentum erklärt. Punktuelle Kritik an der Stoßrichtung des New Deal, wie wir sie schon früher beobachten konnten, schlägt hier wieder unverkennbar durch. Andererseits wird die aktuelle Bedeutung des Infrastrukturnetzes erkannt und zum Ausdruck gebracht: Monopoly soll nicht – wie manche Siedlungen religiöser Minderheiten in den USA – zum Dorado für verstockte Moderneflüchtlinge werden, sondern Allegorie auf die moderne Stadt sein und so auch als kritischer Kommentar zur Gegenwart ernst genommen werden.

Im Unterschied zu den Bereichen Verkehr und Energie ist es in Monopoly die Bank, die sich als überindividuelle Einrichtung den Partikularinteressen der Spieler – beziehungsweise Bürger – systematisch entzieht. Von einem der Mitspieler treuhänderisch verwaltet, steht sie letztlich in einer geheimnisvoll anonymen Trägerschaft und ist, wie die Spielregeln festschreiben, jenseits aller Partikularinteressen angesiedelt. Das kann man wörtlich verstehen, finden die Bank und ihre Vorräte doch als einziges Element des Spiels nicht auf dem Spielbrett Platz, sondern in der Verpackung, die abseits der Spielfläche untergebracht wird. Die Bank kann nicht in Konkurs gehen; sie stellt den Immobilienbesitz zu Festpreisen zum Verkauf und verteilt Grundlöhne wie zinsfreie Hypotheken. Kurz gesagt: Die Bank ist eine wohltätige Einrichtung, nicht auf Mehrung des eigenen Kapitals bedacht, sondern auf das Wohlergehen aller. Damit steht sie völlig quer zu den leidvollen Erfahrungen, die amerikanische Privatleute während der großen Depression mit ihren Bankhäusern durchgemacht hatten (Abb. 57).

Im Wesentlichen war es der Zusammenbruch vieler Banken gewesen, in dem sich die Wirtschaftskrise zuerst manifestiert hatte. Schulden- und Vertrauenskrisen waren den Monopoly-Spielern der ersten Stunde ebenso gut bekannt wie der zeitweilige Kollaps der Immobilienmärkte und der rapide Wertverlust des Grundeigentums. So demonstrativ also die hybride Stadt- und Staatskonstruktion Monopoly auf das Engagement privaten Kapitals im Infrastruktursektor vertraut, so empfindlich weist dasselbe System jeden Übergriff privater Interessen auf die Geldwirtschaft zurück. Die Bank – es gibt nur eine – wird der ansonsten durchgreifenden Kapitalisierung der Werte und dem Zugriffsradius privater Investitionen radikal entzogen. Auch wenn man mangels Transparenz der Eigentumsverhältnisse nicht kurzerhand von öffentlichem Besitz sprechen kann, verkörpert die Bank doch ohne Zweifel eine Art Über-Institution, in der sich das Maximum an Autorität konzentriert, das Monopoly aufzubieten hat. Damit ist die Bank sogar mehr als öffentliche Einrichtung, sie wird zur leitenden Instanz, ja zur konzentrierten Analogie des Staates, der die Geschicke Monopolys lenkt.

Dass hinter der Abgrenzung privater und öffentlicher, individueller und gemeinschaftlicher Interessen in Monopoly nicht nur ein beiläufiges zeitkritisches Argument steckt, sondern ein fundamentales utopisches Prinzip, das die Gesellschaft

57 Black Tuesday *in New York, 29.10.1929*

der Idealstadt zu etwas nie Dagewesenem macht, wird deutlich, wenn man Liquidität und Preise näher in Betracht zieht. Schon das deutsche Nachkriegsspiel begnügt sich mit einer Geldmenge von 230 000 Mark, das entsprach 1960 einem Gegenwert von ungefähr 57 000 Dollar; der Kauf- beziehungsweise Erstellungspreis für ein Haus beträgt zwischen 1 000 und 4 000, für ein Hotel zwischen 5 000 und 20 000 Mark. Relativ hoch hingegen sind die Mietpreise: Die Maximalmiete (Hotel auf der Schlossallee) kostet 40 000 Mark. Das amerikanische Originalspiel kommt sogar – bis heute übrigens – mit einer noch weitaus bescheideneren Geldmenge von 15 540 Dollar aus. Entsprechend gering fallen die Grundstücks-, Miet- und Baukosten ins Gewicht: Auf dem *boardwalk*, der ersten Adresse, kostet ein Haus 200 Dollar, ein Hotel 1000 Dollar. Die Maximalmiete hingegen beträgt – proportional zum deutschen Spiel – 2 000 Dollar. Diese Zahlen rücken das ökonomische System Monopolys in ein widersprüchliches Licht.

Bei Geldumlauf und Immobilienpreisen hat sich eine geradezu utopische Abwertung durchgesetzt im Verhältnis zu den Preisen, die auf den Märkten Deutschlands oder der USA tatsächlich für Immobilien- und Bauinvestitionen zu bezahlen waren. Offensichtlich schlägt hier die uns wohlbekannte Verknappungsstrategie durch, die seit Thomas Morus zur eisernen Reserve utopischer Wirtschaftsprinzipien gehört. Auch die Preisstabilität, die man während der Wirtschaftskrise und in Deutschland noch einmal vor der Währungsreform so dramatisch hatte verfallen sehen, ist jetzt auf alle Zeiten gesichert, da Monopoly – ebenso wie *Utopia* und der Staat der Makarenser – keinerlei expansive Entwicklung kennt, weder territorial noch monetär. Auch bei Neuauflagen, das amerikanische Beispiel zeigt es am besten, werden weder Geldmenge noch Preise jemals erhöht.

Auf der Seite der Mieten und damit der Renditen ist die Situation hingegen genau umgekehrt. Die Tatsache, dass für einen einmaligen Hotelaufenthalt genau das Doppelte der Investitionskosten als Miete entrichtet werden muss, spricht jeder Erfahrung Hohn und scheint die Kritik an überzogenen Bodenrenditen, wie sie schon für Henry George den Grund allen kapitalistischen Übels darstellten, geradezu ins Maßlose zu übertreiben. Gewiss, die Investition in einen Hotelbau an der Schlossallee rechnet sich nicht von selbst. Der Besitzer ist auf den glücklichen Zufall angewiesen, dass ein Mitspieler – oder Mitbürger, um in der Terminologie der Idealstadt zu bleiben – sein Objekt tatsächlich frequentiert. Das sollte geschehen, bevor er selbst – finanziell womöglich auf dem Nullpunkt nach der beträchtlichen Investition – seinerseits hohe Mieten an seine Konkurrenten entrichten muss. Dieses verbleibende Risiko ändert jedoch nichts daran, dass es nicht die Land- und Baupreise, sondern immer die grotesk in die Höhe getriebenen Mieten sind, an denen sich in Monopoly Gewinner und Verlierer scheiden.

Aus einem zeitkritischen Impuls schöpft diese bewusst übertriebene Renditepolitik durchaus – allerdings hat sich die Stoßrichtung jetzt umgekehrt. Denn stellt die Verknappungsstrategie unverkennbar die Vorteile einer utopischen

Gesellschaft nach dem Muster Monopoly heraus, so hatte die amerikanische Durchschnittsbevölkerung mit dem ungehemmten Anstieg der Preise und Mieten geradezu katastrophale Erfahrungen bis hin zur Massenobdachlosigkeit gemacht. Aus der Logik des Spiels heraus ist der ökonomische Dualismus Monopolys freilich gut verständlich. Denn würden Staat und Stadt nach einem perfekt ausbalancierten Niedrigpreisprinzip bewirtschaftet, sodass die positiv gedachten Reformkräfte der Idealstadt in vollem Umfang zum Tragen kämen, wären stundenlange, virtuell sogar endlose Spielverläufe unvermeidlich. Wenn also, mit jeder Wirklichkeit unvereinbar und gerade darin utopisch geprägt, zwei grundverschiedene, gegenläufige und sogar widersprüchliche wirtschaftliche Strategien in Monopoly aufeinandertreffen, dann deshalb, weil der Wucher, die unmoralische Preistreiberei und Gewinnmaximierung in das Spielsystem zwingend eingedacht sind. Hier finden exakt jene niedrigen Instinkte ihr Betätigungsfeld, die, wir haben es konstatiert, Monopoly erst zum erfolgreichen Produkt auf dem Spielemarkt gemacht haben – auch wenn das ökonomische System, das die Stadt beherrscht, Monopoly nicht eben zum ethischen Vorbild unter den politischen Utopien qualifiziert.

Der Grundlohn von 2000 Dollar beziehungsweise 4000 Mark pro Runde gehört als egalisierender Faktor gleichfalls zu den tragenden Elementen des Wirtschaftsspiels Monopoly, ebenso wie die Grundausstattung mit Geldmitteln zu Beginn des Spiels und die Möglichkeit, in reglementiertem Rahmen Hypotheken auf Grundeigentum aufzunehmen. Schon in Elizabeth Magies *The Landlord's Game* hatte der Grundlohn einen Vorgänger. Ebenso spielt er eine entscheidende Rolle in einer der obskuren und zumeist vergessenen, zeitweise aber durchaus erfolgreichen ökonomischen Reformtheorien der frühen Moderne. Johann Silvio Gesell (Abb. 58) war ein früherer deutscher Postbeamter, der in der Schweiz, in Argentinien und Belgien als Geschäftsmann tätig war und im Revolutionsjahr 1919 für sieben Tage als bayerischer Finanzminister amtiert hatte; 1916 veröffentlichte er *Die natürliche Wirtschaftsordnung durch Freiland und Freigeld*. Gesell trat nicht nur

58 *Johann Silvio Gesell (1862–1930) empfiehlt: Staatslohn für alle!*

für umfassende Boden- und Währungsreformen ein, sondern auch für die Idee des staatlichen »Freigelds«, das zu Chancengleichheit für alle Bürger führen und zugleich nach festem Plan entwertet werden solle, um Hortung zu vermeiden und schnelle Reinvestition in den Wirtschaftskreislauf zu garantieren. An Gesells Maximen sind seither manche Korrekturen vorgenommen worden, aber das Prinzip des garantierten Basiseinkommens mitsamt den zugehörigen Argumentationsmustern – vor allem soll Erwerbsarbeit zur freiwilligen Leistung je nach Standpunkt auf- beziehungsweise abgewertet werden – hat nach wie vor eine gewisse Konjunktur. Nicht nur wird derzeit eine neue Gesamtausgabe der Werke Gesells vorbereitet; von einem Parteitagsbeschluss der deutschen Grünen aus dem Jahr 2007 bis hin zur Schweizer »Initiative Grundeinkommen« lässt die verlockende Idee auch in der Politik stets von Neuem grüßen. Sogar ein ehemaliger CDU-Ministerpräsident streitet in Deutschland unerschrocken für das Recht aller auf bedingungslose Alimentierung durch den Staat.

Zumindest indirekt entstammt der Anspruch auf freien Lebensunterhalt dem Motivvorrat der klassischen Utopie. Bei Thomas Morus haben wir zwar gesehen, dass Arbeitsleistung obligatorisch ist und in *Utopia* sogar notfalls mit Zwangsmaßnahmen eingefordert wird. Wer arbeitet, wird allerdings nicht oder nur in geringem Maß finanziell entschädigt. An Stelle des Lohns tritt eine rein bedarfsgerechte Güterverteilung an die Bevölkerung, die zur Zufriedenheit aller führen soll und gemeinsam mit der Gleichbehandlung der Bürger durch den Staat und einer schon damals kaum vorstellbaren Chancengerechtigkeit zur Grundlage des gesellschaftlichen Konsenses wird. Nicht der Anspruch auf Unterhalt durch den Staat, sondern allein der Wegfall des Arbeitszwangs unterscheidet in dieser Hinsicht die moderne von der frühneuzeitlichen Utopie. Der bedeutendste Beitrag, den Amerika zur Geschichte der architektonischen Utopie geleistet hat, bekräftigt seinerseits den Anspruch aller Bürger auf staatliche Lebenssicherung. Frank Lloyd Wright (1867–1959, Abb. 59), schon seit dem ausgehenden 19. Jahrhundert im Mittleren Westen erfolgreich als Architekt tätig, dann auf dem ganzen Kontinent und darüber hinaus ebenso bekannt wie umstritten, entwickelt aus der auch für ihn persönlich niederschmetternden Erfahrung der Großen Depression eine ebenso originelle wie uramerikanische Konzeption von Politik, Wirtschaft und Gesellschaft, die in den Kategorien von Städtebau und Architektur ihren Zusammenhang findet und die zeitweise große Ausstrahlung gewinnt.

59 *Frank Lloyd Wright erschuf die Welt von Broadacre City.*

Schon 1932 veröffentlicht der Architekt, seit seinen Anfängen ein Bewunderer von Ebenezer Howard und der Gartenstadtbewegung, mit *The Disappearing City* ein radikal großstadtfeindliches Buch, das den Amerikanern seiner Zeit eine neue, zwischen Stadt und Land oszillierende Siedlungsform empfiehlt. Die Metropole – für die er gleichwohl immer wieder plant und baut – gilt ihm als Spätform atavistischen Höhlenmenschentums (»Im heutigen Amerika hat es kein freier Mensch zu seinem Schutz mehr nötig, sich in ein Gebäude einzulochen, in städtischer Enge in seiner Höhle unterzutauchen«) und als Brutstätte aller Übel der Moderne vom Kapitalismus bis zum Kommunismus, die er gleichermaßen als unamerikanisch verdammt. Im nachfolgenden Buch *When Democracy Builds* von 1945 treten die eigenen, positiven Lösungsansätze deutlicher hervor. Schon zehn Jahre zuvor hatte er seiner Vision von Broadacre City in einem großen, beeindruckenden Landschafts- und Architekturmodell (Abb. 60) konkrete Form verliehen. Der Baubestand der Land-Stadt, deren Name sich von der Grundflächeneinheit *acre* ableitet, ist ungewohnt weiträumig in eine genau quadratische, generös durchgrünte Fläche von vier Quadratmeilen verstreut und bietet doch – zumindest von oben betrachtet – ein beeindruckend wohlkomponiertes Bild. Straßen gestaffelter Größe vom schlichten Zufahrtsweg bis zum hypermodernen kreuzungsfreien Highway teilen das Areal in kleinere Rechtecke auf; sie sind die Pulsadern des Gemeinwesens – und sie sind gestaltete Architektur, worauf Wright in Abgrenzung zu den rein funktional und ökonomisch gedachten Erschließungen existierender amerikanischer Städte vehement insistiert. Landwirtschaftliche Flächen, Farmen, quasi-städtische Siedlungseinheiten, Fabriken, Sport- und Kulturstätten, Märkte, Flughäfen und Erziehungseinrichtungen sind so aufeinander bezogen, dass das Ganze ein unbedingt notwendiges Maß an Zusammenhang wahrt, ohne der »metropolitanen« Gefahr der Zentrumsbildung zu erliegen.

Nur auf der Grundlage des individuellen Autoverkehrs, den Wright seiner Utopie wie ein naturgegebenes Recht aller zugrunde legt, hätte sich die lebensnotwendige Kommunikation innerhalb dieses weitgespannten Netzes gewährleisten lassen – die enorme Fläche ist auf eine Zahl von nur etwa 7000 Einwohnern bezogen. 10 bis 20 Meilen soll der Radius betragen, den der einzelne zur Befriedigung aller Bedürfnisse durchmisst: »Diese Verteilung alles Lebens über den Boden hin macht in ihrem Zusammenschluss die große Stadt aus, die ich dieses Land überziehen sehe. Es wird die Stadt Weitland von morgen (›Broadacre City of tomorrow‹) sein, die die Nation ist. Verwirklichte Demokratie!« Wrights konsequente Dezentralisierung lässt sich im Grundsatz noch am besten mit der Flächendisposition in Thomas Morus' *Utopia*, wo die Entfernungen nach Tagesreisen zu Fuß bemessen waren, in Verbindung bringen. Umso entschiedener markiert sie die Antithese zu den verdichteten, rationalisierten, auf effektiven Ausgleich zwischen Arbeit, Wohnen und Freizeit bedachten europäischen Stadtvisionen der Moderne (vgl. Abb. 41), die

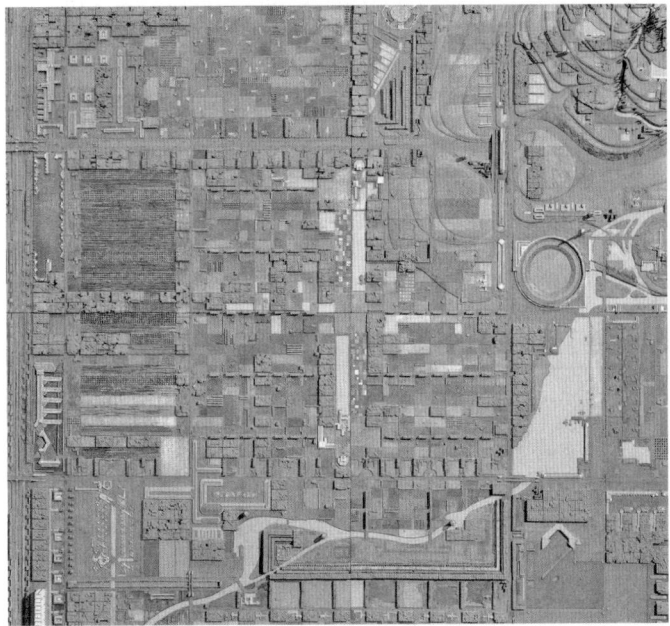

60 *Broadacre City, gesehen wie aus dem Weltraum: Aufnahme des großen Modells von 1935*

Wright, wie größtenteils auch die europäischen Wirtschaftstheorien, als »unamerikanisch« ablehnte. Immer wieder hat Wright an seinem eigenen Modell gefeilt, Einheiten verschoben oder neu zusammengefügt (Abb. 61), Wohnungen bis ins Detail geplant, die Landschaftsgliederung verändert. Was stets gleich blieb, war die gesellschaftliche Vision, auf deren Grundlage *Broadacre City* Gestalt angenommen hat.

Die Vorstellungen, die der weltberühmte Architekt seit langem und in zahllosen Publikationen zu Politik und Wirtschaft entwickelt hatte, sind anders als seine Architektur in Europa bis heute kaum adäquat gewürdigt oder überhaupt verstanden worden. Das ist insofern plausibel, als sich Wrights politisches Denken – soweit zu Papier gebracht – immer wieder als nebulös, unscharf konturiert, von Schlagworten beherrscht erweist und kaum die Prägnanz oder Originalität seiner Bauten und Entwürfe erreicht. Trotzdem muss man beide Teile des Œuvres aufeinander beziehen, wenn man tiefer in Wrights Vorstellungswelt eindringen möchte. Als Schlüssel für das Verständnis von *Broadacre City* wie für Wrights architektonisches Schaffen überhaupt erweisen sich Begriffe wie »demokratisch«, »organisch«, »integral« und »amerikanisch«, allerdings in ganz speziellen inhaltlichen Zuspitzungen, die mit geläufigen semantischen Zuordnungen nur begrenzt konform gehen. Schon Wrights Lehrer, der große Chicagoer Architekt Louis H. Sullivan (1856–1924), hatte etwa unter »demokratisch« weniger die institutionelle Durchsetzung des Volkswillens verstanden als ein ominöses energetisches Prinzip, in dem eine Vielzahl nicht näher bestimmter Kräfte an der Verwirklichung großer Ziele – neuer Formen des Bauens etwa – mitwirken. Das Ideal gemeinschaftlicher Willensanstrengung galt ihm als Inbegriff von Demokratie und Amerikanertum zugleich. Wright setzte diese Denktradition, die sich ihrerseits auf eine Leitgestalt wie den Poeten Walt Whitman (1819–1892) berufen konnte, nahtlos fort; für ihn gewann allerdings die Forderung nach kultureller Unabhängigkeit Amerikas von Europa – wiederum aufs Engste mit den Begriffen »amerikanisch« und »demokratisch« assoziiert – noch entscheidend an Bedeutung hinzu. Seine Lieblingsvokabel *organic* mischt in den politischarchitektonischen Vorstellungshorizont noch die historisch gewachsene und emotional verankerte Nähe des Amerikaners zur Natur hinein. Nur »organische Architektur« – idealerweise von ihm selbst stammend – sei in der Lage, den unheilvollen Zivilisationsgegensatz zwischen Stadt und Land, Mythos und Moderne, Mensch und Maschine zu überbrücken und die kreativen Energien Amerikas wieder zusammenzuführen. Damit wäre letztlich auch dem Ziel einer integralen Gesellschaft

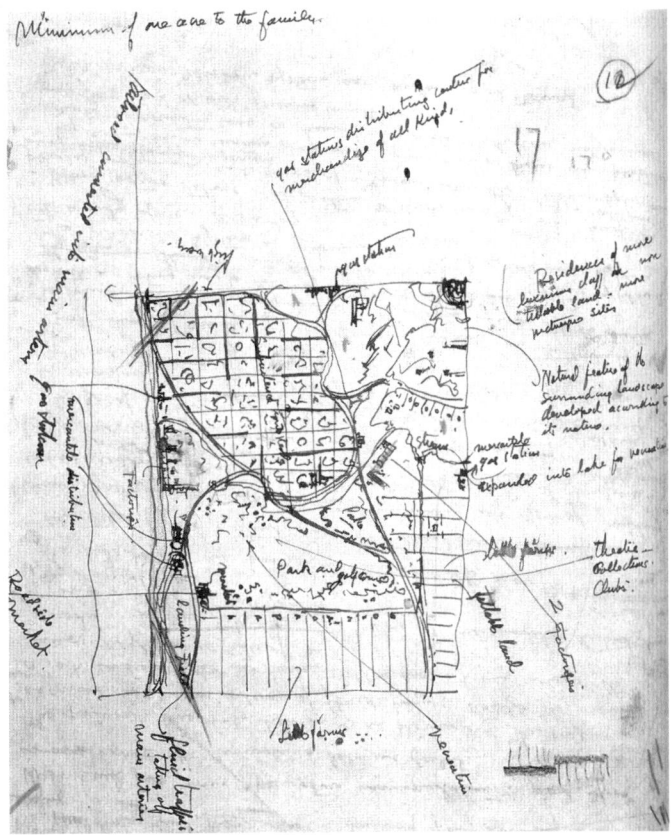

61 *Das Geheimnis großer Schöpfungen: Bis ins Kleinste sind sie durchgeplant! Skizze von Frank Lloyd Wright.*

zugearbeitet. So beliebig diese Ansammlung an Begriffen und Schlagworten für sich genommen wirken mag, so sehr gewinnt sie an Schärfe, wenn man sie als sekundären Kommentar und als Argumentationshilfe zu seiner von Anfang an auf amerikanische Geschichte und Landschaft bezogenen Architektur versteht. Schon seit den legendären Prairie Houses, die er seit 1890 für den prosperierenden Mittelstand in der Umgebung Chicagos errichtet hatte, galt ihm die Entwicklung einer authentischen Architektur und Siedlungsform für das moderne Amerika als vorrangiges Ziel.

Ähnlich muss man auch Wrights politische Leitideen für Broadacre City in Bezug zu seinem architektonischen Entwurf setzen, wenn man beides angemessen beurteilen will. Das Stadtmodell war für ihn nicht illustrierende Zutat zu seinen Büchern – 1958 sollte noch *The Living City* hinzukommen –, sondern die Essenz seines städtebaulichen und gesellschaftlichen Denkens, das sich aus einem anfangs individualistischen Architekturverständnis heraus entwickelt hatte. Charakteristischerweise flüchtet sich Wright immer dann, wenn die Entfaltung seiner Sozial- und Wirtschaftstheorie die Erörterung kniffliger Details oder allfälliger Widersprüche unvermeidlich machen würde, in die Beschreibung der architektonischen Konkretion beziehungsweise in die Visualität von Zeichnung und Modell. Schlechte und gute Architektur, gelungener und misslungener Städtebau, das sind die anschaulichen Resultate, an denen sich Erfolg oder Misserfolg einer gesellschaftlichen Konzeption für ihn bemisst und mittels derer man auch den Nöten rationaler Argumentation bei Bedarf entkommen kann.

Erst der Zusammenbruch von 1929 und die folgenden Krisenjahre, in denen er ohne Aufträge blieb, hatten Wright letztlich den Anstoß gegeben, seine Zuständigkeit über die Bedürfnisse des Einzelnen hinaus auf den größeren Zusammenhang von Stadt und Staat, Wirtschaft und Gesellschaft zu erweitern. Nur sich selbst traute er die Einsicht und Autorität zu, Amerika kraft prophetischer Berufung den Weg aus dem Chaos zu weisen – nicht umsonst sollen die Bürger von Broadacre City die oberste, schiedsrichterliche Regierungsautorität einem »weisen Architekten« anvertrauen. Aus Wrights

Ideen lassen sich durchaus einige konsistente Grundelemente herausschälen, während andere blass und wenig durchdacht erscheinen. Ethisch qualifizierend für das Gemeinwesen von Broadacre City ist zweifellos die Emphase, mit der Wright auf der Chancengleichheit aller insistiert – in seinen Augen eine Grundbedingung der modernen staatsbürgerlichen Existenz, die ihm aber in der Wirklichkeit noch keineswegs erreicht schien. Schon das mag ein Grund gewesen sein, die Stadt nicht im existierenden Staatsverband USA, sondern in einem idealen zukünftigen Amerika – von ihm »Usonia« genannt – anzusiedeln.

Der Sicherung von Start- und Chancengerechtigkeit dienen vor allem zwei Maßnahmen, denen in Usonien so etwas wie Verfassungsrang zukommt: das garantierte Einkommen und – noch wichtiger – der eine *acre* (4047 m²) Land, der jedem Bürger mit seiner Geburt von Staats wegen zusteht. Man darf diese wichtige Grundausstattung nicht mit einem Bekenntnis zur Gleichheit aller verwechseln, einem vorrangigen Anliegen vieler moderner Utopien. Im Gegenteil, Broadacre City bleibt ganz und gar traditionelle Stadt, was Neigung und Sichtbarkeit des sozialen Gefälles angeht (Abb. 62). Großzügige Villen gibt es genauso wie kollektiv verbundene Eigenheime des Mindeststandards, die zum Beispiel für junge Landarbeiter gedacht sind und großenteils – wie es tatsächlicher

62 *Landwirtschaft im Kollektiv: Wrights Entwurf einer Farm Unit für Broadacre City.*

amerikanischer Praxis entsprach – in Eigenleistung errichtet werden sollten. Wright widmet dem einfachen Mann (Frauen gibt es in seiner Sprache so gut wie nicht) besondere Aufmerksamkeit. Der Hausbau gilt ihm weitaus mehr als die bloße Schaffung einer sicheren und funktionalen Bleibe; auf diesem elementaren Feld soll im Gegenteil die kunsthandwerkliche Bildungsarbeit, der in Broadacre City eine eminente Rolle zukommt, ihre segensreiche Wirkung entfalten. Die konsequente Entwicklung des Geschmacks, das ist es, worauf es Wright beim Hausbau, den er als ein Erziehungsprojekt von höchstem biographischem Rang für den Einzelnen versteht, in erster Linie ankommt. Wie der Bürger und Hausbesitzer dann im weiteren Lauf seines Lebens mit den Pfunden wuchert, die ihm die Allgemeinheit zur Verfügung gestellt hat, bleibt allerdings ihm selbst überlassen. Reichtum oder Armut – die es in krasser Form kraft der überlegenen Verfassung Usoniens natürlich gar nicht geben soll – sind in Broadacre City Ergebnis von individueller Begabung und Lebensleistung; auch die Vererbung von Vermögen ist keineswegs ausdrücklich verboten, wenngleich auf diesen potentiellen Faktor von Prosperität nicht ausdrücklich eingegangen wird.

Bei Monopoly verhält es sich offensichtlich ähnlich. Auch hier gibt es zwei Grundbedingungen sowohl für den reibungslosen Spielablauf als auch für die ökonomische Funktionsweise der fiktiven Stadt: gleiche Chancen für alle auf der einen, die Freiheit, was man daraus macht, auf der anderen Seite. Hinzu kommen freilich Kontingenz, Glück, unwägbare Zufälle – die ganze Welt des Unvorhergesehenen, die dem Determinismus der Utopien fremd ist und wiederum in den Motivvorrat der Spiele gehört. Zweifellos sind Monopoly und Broadacre City Städte des Aufbruchs, darin liegt die stärkste Verbindung zwischen beiden Visionen. Nicht Erfahrung, Stabilität oder Sicherung des Erreichten bestimmen den Wertekanon des idealen Gemeinwesens; stattdessen führen Wagemut und Optimismus zum Erfolg. Diese offensive Reaktion auf eine tiefgehende Krise wie die Große Depression ist schon an sich nicht selbstverständlich und war auch im Amerika der Dreißigerjahre keineswegs Konsens. Umso auffälliger, dass beide Stadtkonzepte bei allen Differenzen, was das politische *handling* der Krise anging, im Grundansatz große Nähe zu Roosevelts New Deal zeigen. Die Besinnung auf nationale Gemeinsamkeiten, die Verantwortung von Öffentlichkeit und Staat für das Wohlergehen aller, die Notwendigkeit von Schwung und Risikobereitschaft – darin zeigen sich Wright und Darrow mit ihrem Präsidenten vollkommen einig. Auf kritische Distanz gehen sie im Detail. Wright lehnt mit aller Schärfe die Vergötterung des Privateigentums ab, die er ohnehin als Erblast der amerikanischen Geschichte ansieht, und verurteilt immer wieder die Bürokratie, worin der Abstand zwischen seinem Staat und dem existierenden Amerika – gerade auch dem Amerika des New Deal mit seinem kaum gebremsten Behördenwachstum – klar und deutlich wird.

Bei Monopoly scheint sich Kritik am Bestehenden eher indirekt zu äußern, und zwar in den Lücken und Defiziten, die Darrows Gemeinwesen von den Städten Amerikas und deren Gesellschaften auf den ersten Blick so eklatant unterscheiden. Nimmt man den Stadtplan als das Maß aller Dinge, dann müsste Monopoly eine Stadt sein, die sich absichtsvoll von großen Errungenschaften städtischer Kultur abgekoppelt und sich stattdessen auf eine krude Alleingeltung der Käuflichkeit von Grund und Boden zurückgezogen hat. Bildung, Gesundheit, Religion, Sozialfürsorge, Sport, Verwaltung und Politik – das ganze Spektrum der Gemeinschaftsinteressen, das in städtischen Gesellschaften seit jeher ein zentrale Rolle spielt und sich auch in der visuellen Repräsentanz von Urbanität traditionell an erster Stelle behauptet, lässt der Entwurf für Monopoly völlig außer Acht; Rathaus, Kirchen, Krankenhäuser, Schulen, Museen, Bibliotheken oder Schwimmbäder sucht man vergebens. Nicht einmal produzierende Industrie und Handel finden sich im Stadtplan berücksichtigt. Neben dem Wohnen sind im Grundstücksrepertoire der Stadt einzig Energie und Verkehr vertreten – diejenigen Elemente eines *public service*, die unverzichtbaren funktionalen Interessen der Bewohner dienen, zugleich aber als besonders taugliche Objekte von Privatisierung gelten können – wären da nicht die Gemeinschafts- und Ereigniskarten, die im Spiel für die unberechenbare Macht des Zufalls stehen und nicht zuletzt die Existenz solcher städtischer Instanzen verbürgen, von denen der sichtbare Stadtplan nichts verrät. »Zahle Schulgeld«, ordnet eine Ereigniskarte an und fordert stolze 3000 Mark. »Zahle Deine Versicherungssumme«, verlautet es vom Gemeinschaftsfeld, fällig sind 1000 Mark. Ein Krankenhausaufenthalt schlägt gleichfalls mit 1000 Mark zu Buche, Arztkosten kommen mit 100 Mark deutlich günstiger. Umgekehrt kann man dank einer Erbschaft oder einer Jahresrente (jeweils 2000 Mark) auch unverhofft zu Geld gelangen; Dividenden, Steuerrückzahlungen oder Gewinne aus Lagerverkäufen sind gleichfalls vorgesehen. In den Karten versteckt, erlangen diese Botschaften nur von Fall zu Fall im Spielgeschehen Bedeutung. Auf die Gesamtvorstellung der Stadt Monopoly nehmen sie dennoch einen gewissen Einfluss. Das Spielbrett, so erfahren wir, ist mit dem Stadtkonzept nicht völlig identisch. Das Brett bietet nicht mehr als eine Abbreviatur der Stadt, die man sich insgesamt größer und abwechslungsreicher vorstellen muss; irgendwo außerhalb des sichtbaren Ausschnitts hält die Stadt offenbar Krankenhäuser und Verwaltungsgebäude bereit. Als Spiel des Kapitals schlechthin macht Monopoly allerdings beinahe nur Felder auf dem Brett sichtbar und damit für den Spielverlauf unmittelbar relevant, die als Ort ökonomischer Aktion genutzt werden können – das heißt als Stätte des Kapitalumschlags und der Zinserhebung.

Lediglich die herausgehobenen Eckfelder, wir haben darauf hingewiesen, machen von diesem Prinzip eine Ausnahme. Sie allein verbürgen, dass der Stadtplan nicht bloß als Ansammlung von Grundkapital, sondern zumindest ausschnitthaft auch als staatliche Topographie in Erscheinung tritt: Nicht nur der Markt allein herrscht. In Monopoly gibt es auch Autoritäten, die für Recht und Sicherheit sorgen, exekutive Befugnisse in Anspruch nehmen und Macht ausüben. Auf welcher Verfassungsgrundlage dies geschieht, ob der Staat eine Republik, eine Demokratie oder eine Diktatur ist, bleibt unklar und ist für die Identifizierung der Machtorte auch völlig unerheblich – wird deren herausgehobene Bedeutung doch im bloßen Abschreiten des Parcours von selbst deutlich.

Über die Begründung, warum es ein Gefängnis gibt, muss der Spieler nichts wissen; es reicht, diesen Ort zu passieren und so gleich nach dem Start in Erfahrung zu bringen, dass man den Gefangenen mit dem traurigen Blick, der erfolglos an seinem Gitter rüttelt, zwar nicht befreien, aber wenigstens besuchen kann (Abb. 63). Damit gilt in Monopoly, soweit ist man durch das Bild informiert, immerhin eine Mindestbedingung modernen Strafvollzugs. Abweichend vom Prinzip lakonischer Kürze, das in Monopoly sonst allenthalben gilt, gibt es gleich drei Wege, ins Gefängnis eingewiesen zu werden. Entweder man gerät auf das Eckfeld mit dem Polizisten, der mit erhobener Hand den Weg versperrt und den amtlich korrekten Imperativ »Gehen Sie in das Gefängnis« verkündet. Außerdem liegen sowohl in den Ereignis- als auch den Gemeinschaftskarten schriftliche Haftbefehle bereit. Von der autoritären Du-Anrede Gebrauch machend, heißt es dort: »Gehe in das Gefängnis. Begib Dich direkt dorthin. Gehe nicht über Los. Ziehe nicht M 4.000.- ein.«

So klar die disziplinären Maßnahmen sind, die Monopolys undurchsichtige Autoritäten gegen einzelne Spieler verhängen, so wenig gelingt es, irgendeinen Bezug zwischen der Strafe und einer gesetzwidrigen Handlung herzustellen, die dem Häftling vorgeworfen wird. Das Kernelement aufgeklärter Strafpraxis – nach Michel Foucault die Bezüglichkeit und Proportionalität zwischen Delikt und Strafe (*Überwachen und Strafen*, 1977) – ist hier demonstrativ außer Kraft gesetzt. Zwar gibt es offenbar Normen, gegen die man verstoßen kann, doch hat der Spieler keinerlei Einsicht in die Gesetzbücher. Damit scheint einerseits festzustehen, dass in Monopoly elementare Bürgerrechte verletzt werden. Andererseits darf man vermuten, dass die Strafe selbst weder grausam noch unberechenbar vollzogen wird. Besuch durch Mitspieler, die auf dem

63 *Darbender Häftling*

Gefängnisfeld zum Stehen kommen, ist jederzeit erlaubt. Die Entlassung kann man auf vielerlei Wegen erreichen: durch einen Pasch beim Würfeln oder durch Straferlassurkunden, von denen sich je eine zwischen den Ereignis- und Gemeinschaftskarten findet und die zum eigenen Gebrauch behalten oder im Bedarfsfall verkauft werden dürfen; auf diese Weise wird auch das Gefängnisfeld zum Ort, an dem man Gewinn oder Verlust machen kann. Was lässt sich schließlich über die Substanz der Strafe sagen, welche Nachteile muss in Kauf nehmen, wer durch Freiheitsentzug gemaßregelt wird? Hinweise auf Folter oder Züchtigung, also auf vor-aufklärerische Strafpraxis, finden sich nicht, auch Zwangsarbeit muss offenbar nicht geleistet werden. Im Gegenteil: Die Strafe besteht in erzwungener Passivität. Wer im Gefängnis sitzt, wird auf Zeit als Akteur aus dem Wirtschaftskreislauf ausgeschieden und muss zusehen, wie andere die Geschäfte machen. Mieten darf man als Häftling nicht einziehen (in vielen nichtoffiziellen Spielvarianten wird gerade diese Regel häufig außer Kraft gesetzt), man muss aber auch keine zahlen, weil die eigene Spielfigur sich nicht bewegt. Insofern kann sich die vermeintliche Strafe sogar in einen Vorzug verkehren. Wer im Gefängnis sitzt, kann das Spielgeschehen ohne eigene Gefährdung beobachten und eventuell Vorteile aus der Bedrängnis ziehen, in die ein Mitspieler gerät: Indem man etwa zum richtigen Zeitpunkt von seinem Entlassungsschein Gebrauch macht, ist es manchmal möglich, von einem Notverkauf zu profitieren.

Je ambivalenter und rätselhafter die Sanktionen erscheinen, die dem Monopolyspieler im Gefängnis drohen, desto drängender stellt sich die Frage nach dem Sinn, den das Strafen in der politischen und ökonomischen Logik der Stadt überhaupt erfüllt (Abb. 64). Gewiss gehört das Thema traditionell in den Themenkomplex der Idealstadt hinein; schon Filaretes Sforzinda besitzt eine ganze Auswahl an Straf- und Erziehungsstätten, und auch die Saline von Chaux, deren in Wirklichkeit bescheidenes Erscheinungsbild der Architekt Claude-Nicolas Ledoux um das Jahr 1800 zum Ausgangspunkt für den Entwurf einer grandiosen Phantasiestadt mit aufklärerischem Impetus machte, hat auf den künftigen Bau von Strafanstalten besonderen architektonischen Ehrgeiz verwandt. Was darin zum Vorschein kommt und auch in Monopoly noch deutlich nachwirkt, ist die Furcht aller Gesellschaftsutopien vor dem Außenseiter, der die Regeln des Zusammenlebens in Frage stellen und damit die mühsam hergestellte soziale Ordnung und die Schönheit der durchgeplanten Stadt gefährden, im Extremfall sogar den Zusammenbruch des politischen Systems

64 *Weiß, modern, sicher: So sah (im Idealfall) die amerikanische Haftanstalt aus.* Deer Island Prison *in Boston, erbaut 1880.*

provozieren könnte. Je ausgeklügelter eine Idealstadt entworfen ist, desto anfälliger scheint sie für die geringste Störung der sorgsam geplanten Abläufe zu werden, in denen sich ihr alltägliches Leben vollzieht. Welcher Art die Verfehlung ist, die einen Delinquenten ins Gefängnis bringt, ist dabei weit weniger erheblich als der demonstrative Gestus, den der Bau der Strafanstalt an sich bedeutet. Potentielle Revolutionäre abzuschrecken und zugleich die Wachsamkeit des Staates unter Beweis zu stellen, das sind die wesentlichen Ziele, denen der Gefängnisbau dient. Ein weiteres Mal erweist sich Monopoly an dieser Stelle als Erbe der klassischen Idealstadt. Das Stadtgefüge reduziert sich keineswegs vollkommen auf die Erfüllung ökonomischer Funktionen, sondern ist weitaus komplexer angelegt als es auf den ersten Blick erscheint. Die Existenz eines wie immer gearteten Rechtssystems und einer Polizei, eines *public service*, einer Börse und eines Versicherungswesens wird im Spiel zwar thematisch nicht entfaltet, tritt aber durch Bildverweise im umlaufenden Parcours deutlich in Erscheinung oder wird mittels der Zufallskarten zumindest auf dokumentarischer Ebene nachgewiesen. Der Anspruch, mehr zu sein als ein bloß funktionierendes Gesellschaftsspiel und sich an prominenter Stelle unter die Idealstädte des 20. Jahrhunderts einzureihen, gewinnt hier deutliche Kontur; das Spektrum der urbanen Funktionen entpuppt sich als so breit gestreut, dass man Monopoly als Fiktion und Wunschvorstellung einer Stadt ernst nehmen darf und muss.

Dennoch bleibt die essentielle Bedeutung, die Monopoly der Immobilienwirtschaft und ihren praktischen Vollzügen einräumt, alles andere als zufällig – sie ist gewollt und als programmatische Leitidee der Stadt auch eindrucksvoll zur Geltung gebracht. Gerade im Vergleich mit Frank Lloyd Wrights gleichzeitig entstandenem Stadtentwurf bringt sie die entschiedene Absage zum Vorschein, die Darrows Monopoly jeder kollektivistischen Besitzvorstellung erteilt. Schulen und Krankenhäuser darf es geben, eine städtische Verwaltung mag tätig werden – aber kein politisches Prinzip darf je das Recht auf individuellen Grundbesitz sowie den ganz und gar autonomen Umgang damit in Frage stellen. Ideologische Leitmarke für das Gemeinwesen Monopoly ist und bleibt der Wunsch nach möglichst unbeschränkter Autonomie – in Form einer liberalistischen Wirtschaftspraxis zunächst, in weiterem Sinn aber auch als Ausübung eines politischen Grundrechts. Keine Rücksicht auf Konkurrenten darf die Umsetzung dieses Anspruchs beeinträchtigen. Im Gegenteil: Die fundamentale Forderung nach Selbstbestimmung immer und überall einlösen zu können, ist die Vorstellung von Freiheit, der Charles Darrow in Monopoly Gestalt verliehen hat. Der glühende Wunsch nach Selbstentfaltung reicht weiter als eine persönliche Vision. Obwohl in Wirklichkeit niemals zur Gänze durchsetzbar, ist er der amerikanische Traum schlechthin geblieben.

Spiel, Stadt und Glück

Der besondere Ort, den Monopoly in der Kulturgeschichte besetzt, ist seit jeher mit einer Fülle von Glückserwartungen verknüpft. Hat doch mit Monopoly zu konkreter Form gefunden, was zuvor bereits als Praxis beziehungsweise Wunschbild in enger Nachbarschaft existierte, bislang aber nie zur Vereinigung gekommen war: die Idealstadt als Spiel. Es sind daher gleich mehrere Glückskonzeptionen, die im Produkt Monopoly zusammentreffen und gemeinsam ein unverwechselbares Ganzes ergeben. Die Traditionsstränge zu durchmustern, denen Monopoly seine Prägung als gespielte Utopie und zugleich als Spiel mit Stadtvorstellungen verdankt, bedeutet insofern, besonderes Augenmerk auf die Verschiedenheit der Glücksentwürfe zu richten, die in Spielen, Städten und Utopien ihren Niederschlag gefunden haben. Das Spiel, wie nebensächlich oder umfassend man seine Rolle in der Entwicklung der Gesellschaften auch immer definiert, gehörte stets zu den Tätigkeiten des Menschen, in denen der glückliche Moment, die zeitlich umgrenzte Erfahrung von Zufriedenheit, gesucht und gefunden wird. Utopien, geboren aus der scharfsinnigen Analyse als unglücklich empfundener Zeitumstände, mühen sich seit der frühen Neuzeit unausgesetzt darum, die Möglichkeit glücklichen Lebens in immer neuen Gegenwelten zur Wirklichkeit hypothetisch zu erproben. Und die Stadt, besonders wenn sie in Gestalt erdachter Lebensräume ein Bündnis mit der Utopie eingeht, gibt immer wieder das Versprechen ab, der Ort zu sein, an dem sich kollektives Lebensglück – gedacht als Überwindung von Mangel, Unsicherheit, Rechtlosigkeit und Willkürherrschaft – bilden und dauerhaft entfalten kann.

Wenn Immanuel Kant Spielen als eine »Beschäftigung« versteht, »die für sich selbst angenehm ist« (*Kritik der Urteilskraft*, 1790), so stellt man fest, dass damit das Glückspotential, das dem Spielen innewohnt, schon in eine bestimmte Richtung gedacht wurde: Das sich selbst genügende Tun, dessen Unabhängigkeit

65 *Feiert das Spiel als Saat der Freiheit: Friedrich Schiller (1759–1805). Porträt von Joseph Köhler, New York 1905.*

von Erkenntnisstreben und Wahrheitssuche, gilt seither als eigentliches Signum des Spiels – ganz unabhängig davon, dass Kant selbst dem spezifisch Ungerichteten und Unernsten des Spiels wenig Vertrauen entgegenbringt und den Freiheitsanspruch, der sich darin äußert, durchaus mit Skepsis betrachtet. Die Kritik am Spiel und am Spielen, die schon bei Platon ihren Ursprung hatte und sich bis in die Moderne behauptete, erhielt hier neue Nahrung. Die enge Verschwisterung von Schönheit, Freiheit und Spiel hat hingegen Friedrich Schiller im 15. Brief der *Ästhetischen Erziehung des Menschen* (1795) zum Thema erhoben und das Spielen durch eine umwälzende Neubewertung als primäre Äußerungsform menschlicher Kultur erst wirklich deutungsfähig gemacht (Abb. 65). Zwar spricht aus Schiller unverkennbar der deutsche Idealist, der sich keineswegs über jene banalen Spiele auslassen möchte, wie sie »in dem wirklichen Leben im Gange sind« – richteten sich diese doch zu sehr auf »materielle Gegenstände«. Wie die Schönheit nur als transzendierte Kategorie zu denken ist, so auch das Spiel. Kein geringeres Bild als die Olympischen Spiele der Griechen – »unblutige Wettkämpfe der Kraft, der Schnelligkeit, der Gelenkigkeit« – steht ihm vor Augen, wenn er vom Spiel als der Synthese zwischen Form- und Stofftrieb spricht und den berühmten Satz sagt: »Der Mensch spielt nur, wo er in voller Bedeutung des Wortes Mensch ist, und er ist nur da ganz Mensch, wo er spielt.« Ihre Wahrheit habe diese Erkenntnis, so Schiller, schon immer im

Bereich der Künste erwiesen. Bereits die Griechen hätten, als sie die Physiognomien ihrer »ewig zufriedenen« Götter schufen, das Bild des spielenden Menschen vor Augen gehabt: »von den Fesseln jedes Zweckes, jeder Pflicht, jeder Sorge frey«, stattdessen dem Müßiggang und jener höheren »Gleichgültigkeit« hingegeben, in der er »das freyeste und erhabenste Seyn« verwirklicht sieht.

Von Schiller ausgehend, hat sich zwar die Wertung des Spielens über so bedeutende Autoren wie Novalis und Nietzsche immer mehr ins Positive verschoben, die elitäre Ausrichtung des Spielbegriffs hingegen und dessen einseitige Positionierung im Bereich der Ästhetik blieb lange Zeit das wichtigste Hindernis, eine spezifisch moderne, anthropologisch abgestützte Kulturtheorie des Spiels zu entwerfen. Erst Johan Huizinga hat mit seinem Buch *Homo ludens* (1938) den entscheidenden Schritt in diese Richtung getan (Abb. 66, 67). Der niederländische Gelehrte, seit 1905 Professor für Geschichte in Groningen und dann in Leiden, hatte ursprünglich Sprachwissenschaften und Indologie studiert und war erst auf Umwegen zur Kulturgeschichte gestoßen, die in ihm einen ihrer glänzendsten Vertreter fand. Wie sein Hauptwerk *Herbst des Mittelalters* (1919), das seit langem als Juwel wissenschaftlichen Erzählens und als Beispiel für die gelungene Integration von Historie und Kunstwissenschaft gilt, konnte sich auch *Homo ludens* über Generationen hinweg eine treue Leserschaft sichern – kein Wunder, wird hier doch das Phänomen des Spiels in einer perspektivischen Breite untersucht, die bis heute ihresgleichen sucht. Der völkerkundlich geschulte Blick Huizingas kommt sowohl

66 *Johan Huizinga (1872–1945), stiller Gelehrter in harten Zeiten und Fährtensucher des Spielerischen in der Kultur.*

67 Niederländische Erstausgabe von Homo ludens, *1938*.

dem Gegenstand als auch der systematischen Strenge, mit der er sich seiner annimmt, ersichtlich zugute. Wenige grundlegende Eigenschaften sind es, an denen Huizinga das Spiel als Phänomen aller menschlichen Kulturen und Gesellschaften festmacht: Spiel ist freies Handeln, grenzt eigene Räume aus der Wirklichkeit ab, bindet sich freiwillig an Regeln, ist wiederholbar und tendiert zur Ausbildung von ästhetischen Eigenschaften wie Ordnung, Rhythmus und Schönheit der Form. Nicht so sehr die Formulierung der einzelnen Kriterien als vielmehr der zwingende Zusammenhang, den er zwischen ihnen aufdeckt, ist Huizingas ureigene Leistung gewesen.

Sowohl methodisch bedeutsam als auch erkenntnisstiftend im allgemeinsten Sinn ist die gegenseitige Bezüglichkeit, die Huizinga zwischen Kultur und spielerischem Handeln aufdeckt. Entwicklungsgeschichtlichem Denken gegenüber prinzipiell kritisch eingestellt, lehnt er die Vorstellung ausdrücklich ab, Kultur sei aus dem Spiel gleichsam organisch ›entstanden‹. Vielmehr, so seine These, würde kulturelle Praxis zunächst stets im Unernst des Spiels erprobt, »Kultur anfänglich gespielt«, bevor sie zu ihrer definitiven Form finden könne. Dabei träten im geschichtlichen Verlauf die Merkmale des Spielerischen vielfach zurück, aber ihre Spur bleibe in zeremoniellen, religiösen oder künstlerischen Formen dem geschulten Blick dennoch erkennbar. Auch umgekehrt kann etablierte kulturelle Praxis durch Elemente des Spiels neue

Form gewinnen. Faszinierend ist es, Huizinga auf seiner enzyklopädischen Reise durch die verschiedensten kulturellen Handlungsfelder – von der Sprache über das Recht bis zum Sport, vom Krieg über die Dichtung bis zur Wissenschaft – zu folgen und dabei die Fährte des Spielerischen unbeirrbar im Auge zu behalten. Zwar argumentiert Huizinga überwiegend als Historiker, aber er hat die Gegenwart durchweg im Auge, will Auskunft geben über die *conditio humana* des Heute, mit der er sich gerade in den Dreißigerjahren so schmerzhaft konfrontiert sah: Als einer von ganz wenigen hatte er schon früh die Stimme gegen den Antisemitismus der deutschen Nationalsozialisten erhoben und 1933 als Leidener Universitätsrektor die Wissenschaft zu beherztem Widerstand dagegen aufgerufen.

Für einen Gelehrten wie Huizinga ist es geradezu selbstverständlich, lebenspraktische Bereiche wie etwa Handel und Wirtschaft in seinen Kulturbegriff einzubeziehen und auch in ihnen Elemente des Spielerischen aufzuspüren. Wenn er Beispiele dafür sucht, wie funktionale Lebensbereiche durch Integration spielerischer Formen umgeprägt werden können, wird er gerade in der Wirtschaft fündig: »Der Handelswetteifer gehört nicht etwa zu den ursprünglichen, uralten und heiligen Spielen. Er kommt erst auf, sobald der Handel beginnt, Betätigungsfelder zu schaffen, in denen einer suchen muss, die anderen zu übertreffen und zu überlisten. Beschränkende Regeln werden auf diesem Gebiet bald unentbehrlich: das sind die Handelsusancen. Bis in verhältnismäßig späte Zeit hinein blieb der Handelswettbewerb in seinen Formen primitiv. Erst durch den modernen Verkehr, die kaufmännische Propaganda und die Statistik wird er intensiv. Es konnte nicht ausbleiben, dass der Begriff des Rekords, der im Sport aufkam, sich auch im wirtschaftlichen Denken einbürgerte. [...] Überall, wo eine gewerbliche Leistung eine sportliche Seite hat, feiert das Rekordstreben Triumphe: der höchste Tonnengehalt eines Ozeandampfers, das Blaue Band für die kürzeste Überquerung des Meeres. Ein rein spielhaftes Element hat hier Nützlichkeitsrücksichten ganz in den Hintergrund gedrängt; der Ernst wird Spiel.«

Dieser Analyse ökonomischer Konkurrenz tritt Huizingas Verständnis der Spekulation ebenbürtig an die Seite. »Man spielt am Roulettetisch, und man spielt an der Börse. Im ersten Fall wird der Spieler zugeben, dass sein Handeln Spielen ist, im zweiten nicht. Kaufen und Verkaufen mit der Hoffnung auf unsichere Aussichten von Preissteigerung oder Preissenkung gilt als Teil des Geschäftslebens, der ökonomischen Funktion der Gemeinschaft. In beiden ebengenannten Fällen ist das Streben, Gewinn zu machen, maßgebend. Im ersten wird allgemein die reine Zufälligkeit der Chance zugestanden [...]. Im anderen Falle macht sich der Spieler irgendeinen Wahn vor, er könne die zukünftige Tendenz des Marktes berechnen. Der Unterschied der Geisteshaltung ist äußerst gering.« Ohne spezifische Zeiterfahrung, ohne die Grundierung durch moderne Katastrophen wie den Börsencrash von 1929 wären diese Zeilen nicht geschrieben worden. Hier liegt eine signifikante Parallele zu Monopoly, das Huizinga – auch wenn er häufiger in die USA reiste – möglicherweise gar nicht kannte. Dass uns seine Kulturtheorie des Spiels allerdings in die Lage versetzt, wesentliche Elemente Monopolys präziser zu verstehen und in den Zeithorizont einzuordnen, steht außer Diskussion. Was Huizinga nicht – oder nicht explizit – beschäftigt, ist die Frage nach dem Glückspotential des Spiels; lediglich zwischen den Zeilen sind dazu Auskünfte zu finden. Schon die zitierten Abschnitte zeigen aber, dass ihm die agonale Grundsituation des Spiels, also Wettbewerb und Siegeswille, sehr viel deutlicher bewusst waren als den Autoren, die ihm vorausgegangen sind. »Gewinn heißt: ›im Ausgang des Spiels sich als der Überlegene erweisen‹.« Weniger materieller Gewinn – den es nur in Ausnahmefällen gibt – als vielmehr Ansehen, Ehre, Prestige heißen die Erträge, die das wirkliche Leben dem Sieg im Spiel bestenfalls folgen lässt. Wie Huizinga aufzeigt, tritt nicht nur materielles Interesse, sondern auch Machtstreben ganz in den Hintergrund, wenn es darum geht, im Spiel zu gewinnen. Allenfalls lässt sich der »Triumph, der sich in nichts Sichtbares oder Genießbares umsetzt und nur im Gewinnen selbst besteht«, in einen Prestigegewinn umsetzen, von dem nicht nur der Sieger, sondern auch die Gruppe profitiert, der er angehört – die Nation etwa, die man als Olympionike vertritt. Mit Monopoly freilich, wo das Prinzip »einer gegen alle« herrscht, hat das nichts zu tun.

Neben dem Glück des Gewinnens ist es mindestens im gleichen Maß das Glück des Spielens selbst, das uns aus dem Alltag Zuflucht im ›als ob‹, im Uneigentlichen des Spiels suchen lässt, wie es durch Huizinga gedeutet wurde. Manches Spiel – die Musik- oder Theateraufführung etwa – lässt sich gar nicht gewinnen, ja man muss nicht einmal Akteur sein, um durch Teilnahme daran beglückt zu werden. Trotzdem gibt es keinen Grund, die Welt des Spiels in separate Kategorien wie Sport, Unterhaltung und Kunst zu unterteilen. Einerseits ist spielerisches Handeln zu einheitlich motiviert, andererseits die Begrifflichkeit von ›Spiel‹ zu umfassend, um eine hierarchische Unterscheidung in höhere und niedere, sinnhaltige oder triviale Sphären zu rechtfertigen. Eine Qualität, die dem Spielen im weitesten Sinne eigen ist, haben die modernen Disziplinen Pädagogik und Psychologie zur Sprache gebracht, die sich seit Friedrich Froebel (1782–1852) vor allem mit den Funktionen des Kinderspiels intensiv beschäftigen. Eine überragende Stimme in diesem Chor gehörte dem britischen Kinderarzt und Psychoanalytiker Donald W. Winnicott (Abb. 68), dessen Studien zum Spiel 1971 unter dem Titel *Playing and Reality* erschienen sind. Gewiss ist es die entwicklungspsychologische Komponente des Spiels, die Winnicott in erster Linie interessiert. Allerdings hält er sich von jeder bevormundenden Pose frei, was zum Beispiel bedeutet, dass er sich an der pädagogischen Nutzenkalkulation bestimmter Spielformen nicht beteiligt. Worum es ihm geht, ist die Bedeutung des Spielens an sich für den Menschen in seiner ganzen Entwicklung, wobei er freilich im Sinn von Sigmund Freud die Erfahrung der ersten Lebensjahre als entscheidend erklärt.

In dieser frühen Lebensphase, so Winnicott, entwickle sich zwischen Mutter und Kind ein zunehmendes Vakuum, das zunächst durch ein »Übergangsobjekt«, eine Puppe zum Beispiel, gefüllt werde, um sich dann allmählich zu einem durch Spiel eingenommenen Raum zu entwickeln. Den aktiven Part übernimmt das Kind, die Mutter – oder Mutterfigur – beschränkt sich idealerweise auf eine teilnehmende, aber nicht autoritär eingreifende Rolle. Dieser Erprobung von Spielaktivität, gleich welcher Art sie sein mag, wächst die Aufgabe zu, dem Kind eine höchst intime Erfahrung des Selbst zu ermöglichen und doch im Gegenüber, der Mutter zunächst, den absolut vertrauenswürdigen Partner und Zeugen des Geschehens zu erleben. Einen Spielraum im wörtlichen Sinne zu erobern, heißt also einen Freiraum gewinnen, der sich eine ganze Biographie hindurch mit Spiel – allein oder mit Gefährten – neu füllen lässt.

68 *Donald W. Winnicott (1896–1971), souveräner Deuter des Kinderspiels, nahm auch gern auf kleinen Stühlen Platz.*

Winnicott erhebt damit einen Befund, dessen Bedeutungsradius über ein rein kindbezogenes Entwicklungsproblem weit hinausreicht. Was er formuliert, ist eine psychologisch fundierte Theorie des Spiels als kulturelles Handeln, ja als humane Verhaltensweise, die dem Menschen zur Entfaltung seines Selbst unentbehrlich ist. Vornehmste Aufgabe eines Psychotherapeuten müsse es sein, so Winnicott, einem Patienten, der spielunfähig sei, im Nachhinein das Spielen beizubringen. Die Grundlagen einer so verstandenen, glückspendenden, lebenslang wiederholbaren Spielfähigkeit sind letztlich in einer exemplarisch wirkenden Raumerfahrung zu suchen, deren positive Prägung nie vergessen wird. Vertrauen und Vertrautheit sind die Qualitäten, die diesen Raum durchdringen und seine spezifische Beschaffenheit ausmachen. Als oppositionelle Macht, die sich den Zwängen einer notwendig zielgerichteten, rationalen Lebensführung und dem daraus stets neu erwachsenden Defizit an Vertrauen entgegenstellt, wird das Spiel zum willkommenen, ja unverzichtbaren Werkzeug dessen, der auf Emanzipation, auf ein Leben im Einklang mit sich selbst nicht verzichten will.

Sicher würde es den Gegenstand unserer Untersuchung über Gebühr strapazieren, wollte man es ausgerechnet Monopoly zutrauen, Freiräume neu zu schaffen und auszufüllen, die uns der Fortschritt längst unwiderruflich entzogen hat. Trotzdem mag es nützlich sein, noch einmal jene Züge an Monopoly hervorzuheben, die es zum Erzeugnis – und zugleich zum so emphatischen Zeugen – der Moderne machen. Als herausragendes Beispiel steht Monopoly dafür ein, dass Spiele keineswegs immer Ergebnis langer Traditionen sein müssen, um ihrer emanzipatorischen Bestimmung gerecht zu werden, sondern auch in Gestalt eines für den Markt bestimmten, erfundenen und kalkulierten Massenprodukts ihre Wirksamkeit behaupten können. Wesentlich mitbestimmend für Akzeptanz und Erfolg ist dennoch die Fähigkeit eines Spiels, an ältere Erfahrungsbestände anzuknüpfen und auf diese Weise kulturelle Tradition zu integrieren, wenn nicht sogar neu nutzbar zu machen. Im Falle Monopolys, wir haben es gesehen, ist es die Überlieferung der Idealstadt und der politischen Utopie, die aufgerufen wird, um ein Spiel, das bis in die Entstehungsumstände hinein Ergebnis krisenhafter Zeitumstände war, zum beispiellos erfolgreichen Transporteur eines positiv verstandenen Gesellschaftsentwurfs zu machen. Die Idee, dem Spiel Grundriss und Namen einer fiktiven Stadt zu verleihen, brachte freilich ein ganz anderes Ergebnis ans Licht, als es die traditionellen Stadtutopien zu bieten haben. Weder die ambivalente Faszination durch Neues und Unbekanntes, die den Reiz von Utopia ausmacht, noch jene kalte Perfektion, wie sie Sforzinda oder Dürers Militärstadt ausstrahlen, lagen Charles Darrow am Herzen, als er Monopoly entwarf. Stattdessen ist es ihm gelungen, die Künstlichkeit der Idealstadt mit einer so eingängigen, simplen und doch unverwechselbaren Topographie zu verbinden, dass Monopoly allen, die es auch nur wenige Male gespielt haben, im Bildgedächtnis verbleibt. Man muss keineswegs Anhänger der zuweilen skurrilen und wenig konsistenten Botschaften zu Politik und Wirtschaft sein, die Darrow aussenden wollte, um zu erkennen, welch enorme Erfindungsleistung und bewundernswerte Formphantasie hinter seinem Entwurf stecken. Trotz aller Anleihen, die Monopoly – wie direkt oder indirekt auch immer – bei Gesellschaftslehre und politischer Philosophie macht, leistet es doch in voller Absicht keinen Beitrag zu diesen Gattungen. Monopoly ist ein Kunstwerk, in dem sich Inhalt und Form nicht trennen lassen, sondern das als Ganzes wirkt. Ob wir wollen oder nicht – die Spur des Erinnerns, die Monopoly in uns allen hinterlassen hat, wird sich nicht mehr löschen lassen.

Nachwort

Über die Entstehung Monopolys wurde umfänglich geforscht, es fehlte aber eine Gesamtdarstellung, die Geschichtsschreibung und Interpretation angemessen miteinander verbindet. Diese Lücke zu füllen war meine Absicht. Dabei spielten mehrere Anliegen eine Rolle. Als Produkt der 1930er Jahre steht Monopoly in offensichtlichem Bezug zu den Spannungen und Nöten einer weltweiten Wirtschaftskrise, die von Amerika ihren Ausgang nahm. Franklin Delano Roosevelt legte mit dem New Deal ein beispielloses Förderungsprogramm für Konsum und Wirtschaft auf, das entgegen der liberalen amerikanischen Tradition auf das Engagement des Staates setzte und den Begriff der öffentlichen Verantwortung neu definierte. Dass es nicht zuletzt diese Bedingungen und Hintergründe waren, denen Monopoly seine Entstehung verdankte, sollte deutlich werden. Wie ein Spiel überhaupt auf Politik reagieren kann, ob und wie es in den Kontroversen seiner Zeit Stellung bezieht, wie es trotzdem über die Aktualität hinaus Popularität und Geltung bewahren kann: das waren weitere Fragen, die sich vom Ausgangspunkt her ergaben.

Dass Monopoly aus den kulturellen Phänomenen, die dem zwanzigsten Jahrhundert Kontur und Farbe verliehen, nicht wegzudenken ist, dürfte kaum strittig sein. An welcher Stelle man das Spiel unter den kulturgeschichtlichen Faktoren der Moderne einzuordnen hat, ob sich Gesellschaftsspiele in den Rahmen trivialer Unterhaltung fügen oder deren Grenzen in der einen oder anderen Hinsicht zu überschreiten vermögen – das ist bislang allerdings ungeklärt. Um Antworten zu finden, bedurfte es einer Analyse des Spiels nach Idee, Prozess, Form und zeitkritischem Potential. Das Buch möge deshalb auch als Versuch begriffen werden, ein exemplarisches Gesellschaftsspiel kulturwissenschaftlich zu untersuchen und es so aus dem Blickwinkel einer Spieleforschung herauszurücken, die sich als bloße Tatsachenforschung begreift.

Ein weiterer Aspekt, der mir Anlass gab, mich genauer mit Monopoly zu beschäftigen, ist die Idee der Idealstadt, die im Spiel fortlebt. Idealstädte, ursprünglich in der Renaissance erfunden, gründen auf der Voraussetzung, dass in Struktur und Gestalt der erfundenen Stadt Regeln Ausdruck finden, unter denen sich eine ideale Gesellschaft entfalten kann. Idealstädte, seien sie figural entworfen, literarisch beschrieben oder gar gebaut, gehören somit zu den klassischen Instrumenten der politischen Utopie, wie sie die Neuzeit entwickelt hat. Gibt es wirklich Gründe dafür, Monopoly – ein Gesellschaftsspiel, von dem fast jeder meint, es wolle nicht mehr als bloß die Regeln kapitalistischer Ökonomie immer neu bestätigen – mit dieser Tradition in Verbindung zu bringen? Wenn ja, dann muss diese Traditionsverhaftung im Einzelnen belegt werden. Außerdem wäre die Frage zu stellen, welche Rolle dem Spiel und den Spielen in der Ausformung utopischen Denkens zukommt. Zumindest im Ansatz habe ich versucht, auch darauf einzugehen.

Mein immer weiter ausgreifendes und schließlich unübersehbares Interesse an Monopoly hat meine Mitwelt – etwa angesichts der vielen internationalen Editionen, die sich in meinem Büro stapelten – nicht nur in Staunen versetzt und viele Fragen stellen lassen, sondern ist immer wieder in Anregung, Ermutigung und generöse Hilfe gemündet, für die ich mich herzlich bedanke! Ganz besonders gilt das für die Mitarbeiter des Verlags Klaus Wagenbach: namentlich Susanne Schüssler und Julie August ließen neben all der Kompetenz und Energie, die sie dem Projekt widmeten, große Geduld mit dem Autor walten. Lothar Schmitt bewährte sich wie schon so oft als höchst empathischer und kenntnisreicher Leser sowie als Ausgräber entlegenen Materials. Ebenso dankbar erwähnt sei die Unterstützung durch Fabiano Andina, Emil Angehrn, Marc Angélil, Steffen Bogen, Felix Claus, Veronika Darius, Katrin Eberhard, Dietrich Erben, Michael Gnehm, Gregory Grämiger, Ita Heinze Greenberg, Ursula Hendry, Britta Hentschel, Christian Kammann, Moriko Kira, Vittorio Magnago Lampugnani, Sara Luzón, Christine und Achatz von Müller, Niklas Naehrig, Markus Podehl, Ulrich Schädler, Dieter Scheler, Wolfgang Sonne, Michael Tal, Christoph und Ernst Tönnesmann, Wilhelm Voßkamp und Doris Wirz.

Literaturhinweise nach Kapiteln

Kurztitel verweisen auf die Bibliographie.

Rücke vor bis zur Schlossallee, S. 7–12
Zur Regelüberschreitung als Prinzip beim Monopolyspiel: Albatarelli 2000.

Die Idee, S. 13–57
Geschichte der Spiele allgemein: Glonnegger 1999, Himmelheber 1972, Schädler 2007, Parlett 1999. – Beruf des Installateurs: Loos 1981, Kramer 1998. – Wirtschaftskrise und New Deal in Philadelphia und Pennsylvania: Baumann Coode 1981, Tinkom/Weigley 1982. – USA in den 1930er Jahren, New Deal: Kindleberger 2010, Shlaes 2007, Guggisberg 2002, Heideking 2008, Gassert 2007. – Atlantic City: Funnell 1975. – Finanz- und Stadtspiele vor Monopoly: Orbanes 2006. – Henry George: George 1882 (Text im Internet verfügbar), Onken 1997. – Arden (Siedlung): Holloway 1951. – Quäker: Dandelion 2008, mit zahlreichen Literaturangaben. – Plagiat: Grafton 1991, Reulecke 2006, Eyth 1908. – Parker Brothers: Orbanes 2004.

Das Spiel, S. 59–93
Monopoly, Spiel und Editionsgeschichte: Orbanes 2006, Fleury/Théry 2002, Kennedy/Waltzer 2004, Whitehill 1999. – Monopoly in NS-Deutschland: Rühle 2007, Schädler 2007 (Beitrag Marion Faber). – Theresienstadt-Monopoly: http://edition.cnn.com/2010/WORLD/meast/11/05/monopoly.glass.theresienstadt/index.html. – Anti-Monopolys: Anspach 2010, Pilon 2009, N.N. 1980, http://de.wikipedia.org/wiki/provopoli. – Chinesisches Monopoly: Angélil 2006.

Die Stadt, S. 95–153
Idealstadt allgemein: Kruft 1989, Rosenau 1974, Klar und lichtvoll wie eine Regel 1990. – Utopie/Politik/Literatur: Bloch 1985, Voßkamp 1985, Mannheim 1985, Nipperdey 1962. – Architektur und Utopie: Bloch 1959, Bauer 1965, Nerdinger 2006. – Städtebau, besonders Frühe Neuzeit: Braunfels 1976, Seng 2003, Mumford 1979, Benevolo 1990. – Hippodamos von Milet: Schuller 1989 (u. a. Beitrag von H.-J. Gehrke). – Filarete: Kritische Ausgabe von Finoli/Grassi (1972); Teilübersetzung W. v. Oettingen (1890, Reprint), Bezold 1918, Kruft 1991, Tönnesmann 2004, ds. in: Nerdinger 2006. – Pienza: Tönnesmann 1996. – Thomas Morus: More 2002, Heinisch 1960 (dt. Übs. von Utopia), Nipperdey 1968, W. Voßkamp in: Voßkamp 1985 (Bd. II), Rahmsdorf 1999. – Dürers Idealstadt: Schoch 2004, Schütte 1994, Albrecht Dürer (Katalog) 1971, Dürer ed. Ullmann

(Teilausgabe in modernisiertem Deutsch). – Campanella: Heinisch 1960 (dt. Übs. von Civitas solis). – Andreae: ed. van Dülmen 1992, Kruft 1989. – Freudenstadt: ebd. – Stadtutopien der Moderne: Howard ed. Posener 1968, Magnago Lampugnani 2010, Wright 1995. – Säkularisierte Stadt: Cox 1966. – Gefängnis: Foucault 1977, Pevsner 1976, Wagner 2005. – Ledoux und Saline von Chaux: Kruft 1989 u. 1991, Vidler 1990, Tönnesmann in: Nerdinger 2006.

Spiel, Stadt und Glück,
S. 155–164

Kulturtheorie des Spiels: Corbineau-Hoffmann 1995, Sutton-Smith 2005. – Einzelne Autoren: Kant 2002, Schiller 2000, Huizinga 1956, Winnicott 2005.

Bibliographie

ADORNO, THEODOR W.: ›Musikalische Diebe, unmusikalische Richter‹, in: ds., *Impromptus = Musikalische Schriften IV = Gesammelte Schriften* 17, Frankfurt a. M. (Suhrkamp) 1982, S. 292–296

ALBATARELLI, SPARTACO: ›1000 Ways to Play Monopoly‹, in: *Board Game Studies* 3 (2000), S. 117–121.

Albrecht Dürer 1471–1971. Ausstellungskatalog Germanisches Nationalmuseum Nürnberg, München (Prestel) 1971

ANDREAE, JOHANN VALENTIN: *Reipublicae christianopolitanae descriptio*, lat. und dt., hg. v. Richard van Dülmen, Stuttgart (Reclam) 1992

ANGÉLIL, MARC: *Indizien. Zur politischen Ökonomie urbaner Territorien*, Sulgen/Zürich (Niggli) 2006

ANSPACH, RALPH: *The Billion Dollar Monopoly®-Swindle*, 2. Aufl. Bloomington, IN (Xlibris) 2010

ARISTOTELES: *Politik*, übers. und hg. von O. Gigon, München (dtv) 1973

BAUER, HERMANN: *Kunst und Utopie. Studien über das Kunst- und Staatsdenken in der Renaissance*, Berlin (De Gruyter) 1965

BAUMANN COODE, THOMAS H. u. JOHN F.: *People, Poverty, and Politics: Pennsylvanians During the Great Depression*, Lewisburg (Bucknell University Press) 1981

BENEVOLO, LEONARDO: *Die Geschichte der Stadt*, übers. v. Jürgen Humburg, 4. Aufl., Frankfurt a. M. / New York (Campus) 1990.

BENEVOLO, LEONARDO: *Die Geschichte der Stadt*, 8. Aufl., Frankfurt a. M. (Campus) 2000

BEZOLD, FRIEDRICH VON: ›Republik und Monarchie in der italienischen Literatur des XVI. Jahrhunderts‹, in: ds., *Aus Mittelalter und Renaissance*, München/Berlin 1918, S. 246–270

BLOCH, ERNST: *Geist der Utopie*, 2. Fassung 1923, Frankfurt a. M. (Suhrkamp) 1985

BLOCH, ERNST: *Das Prinzip Hoffnung*. 2 Bde, Frankfurt a. M. (Suhrkamp) 1959

BRAUNFELS, WOLFGANG: *Abendländische Stadtbaukunst. Herrschaftsform und Baugestalt*, Köln (DuMont) 1976

BRONDER, BARBARA: ›Das Bild der Schöpfung und Neuschöpfung der Welt als 'orbis quadratus'‹, in: *Frühmittelalterliche Studien* 6 (1972), S. 188–210

BURCKHARDT, JACOB: ›Die Kunst der Renaissance in Italien (= Geschichte der Renaissance in Italien, 1867)‹, in: ds., *Die Kultur der Renaissance in Italien*, hg. v. Horst Günther, Frankfurt a. M. (Deutscher Klassiker Verlag) 1989, S. 573–1000

CORBINEAU-HOFFMANN, ANGELIKA: ›Spiel‹, in: *Historisches Wörterbuch der Philosophie*, hg. v. J. Ritter u. K. Gründer, Bd. 10, Darmstadt (Wissenschaftliche Buchgesellschaft) 1995, Sp. 1383–1390

COX, HARVEY: *Stadt ohne Gott?* Stuttgart (Kreuz-Verlag) 1966

DANDELION, PINK: *The Quakers. A Very Short Introduction*, Oxford (Oxford University Press) 2008

DÜRER, ALBRECHT: *Schriften und Briefe*, hg. von Ernst Ullmann. Leipzig (Reclam) 1978

EYTH, MAX: *Lebendige Kräfte. Sieben Vorträge aus dem Gebiete der Technik*, Berlin (Springer) 1908

FILARETE [ANTONIO AVERLINO]: *Trattato di architettura*, Hg. v. Anna Maria Finoli und Liliana Grassi, 2 Bde., Milano (Il Polifilo) 1972

FILARETE [ANTONIO AVERLINO]: *Antonio Averlino Filarete's Tractat über die Baukunst nebst seinen Büchern von der Zeichenkunst und den Bauten der Medici*, hg. v. Wolfgang von Oettingen, Wien (Graeser) 1890

FLEURY, MARIE-FRANÇOISE, HERVÉ THÉRY: ›Le succès mondial du Monopoly‹, in: *Mappemonde* 66 (2/2002), S. 33–37

FOUCAULT, MICHEL: *Überwachen und Strafen. Die Geburt des Gefängnisses*. Frankfurt a. M. (Suhrkamp) 1977

FUNNELL, CHARLES E.: *By the Beautiful Sea. The Rise and High Times of that Great American Resort, Atlantic City*. New York (Knopf) 1975

GASSERT, PHILIPP u. a.: *Kleine Geschichte der USA*, Stuttgart (Reclam) 2007

GEORGE, HENRY: *Progress and Poverty* [1879], 5. Aufl., New York (Appleton) 1882
http://en.wikisource.org/wiki/Progress_and_Poverty_(George)

GLONNEGGER, ERWIN: *Das Spiele-Buch. Brett- und Legespiele aus aller Welt: Herkunft, Regeln und Geschichte*. 3. Aufl., Uehlfeld (Drei Magier) 1999

GRAFTON, ANTHONY: *Fälscher und Kritiker. Der Betrug in der Wissenschaft*, Berlin (Wagenbach) 1991

GUGGISBERG, HANS R.: *Geschichte der USA, fortgeführt von H. Wellenreuther*, 4. Aufl., Stuttgart (Kohlhammer) 2002

HAUBL, ROLF: *Neidisch sind immer nur die anderen. Über die Unfähigkeit, zufrieden zu sein*, 2. Aufl., München (C.H.Beck) 2002

HEIDEKING, JÜRGEN, CHRISTOPH MAUCH: *Geschichte der USA*, 6. Aufl., Tübingen (UTB) 2008

HEINISCH, KLAUS J.: *Der utopische Staat. Morus, Utopia; Campanella, Sonnenstaat; Bacon, Neu-Atlantis*. Reinbek (Rowohlt) 1960

HIMMELHEBER, GEORG: *Spiele. Gesellschaftsspiele aus einem Jahrtausend*, Kataloge des Bayerischen Nationalmuseums, XIV., München 1972

HOLLOWAY, MARC: *Utopian Communities in America 1680–1880*, London (Turnstile) 1951

HOWARD, EBENEZER: *Gartenstädte von morgen. Das Buch und seine Geschichte*, hg. von Julius Posener, Berlin (Ullstein) 1968

HUIZINGA, JOHAN: *Homo Ludens. Vom Ursprung der Kultur im Spiel*, Reinbek (Rowohlt) 1956

KANT, IMMANUEL: *Kritik der Urteilskraft*, hg. v. Wilhelm Weischedel, Frankfurt a.M. (Suhrkamp, Werkausgabe Bd.X) 2002

KENNEDY, ROD JR., JIM WALTZER: *Monopoly. The Story Behind the World's Best-Selling Game*, Layton (Smith) 2004

KINDLEBERGER, CHARLES P.: *Die Weltwirtschaftskrise 1929–1939*, München (FinanzBuch) 2010

Klar und lichtvoll wie eine Regel. Planstädte der Neuzeit vom 16. bis zum 18. Jahrhundert, Ausstellungskatalog Badisches Landesmuseum, Karlsruhe (Braun) 1990

KRAMER, KLAUS: *Installateur. Ein Handwerk mit Geschichte*, Schramberg (hansgrohe Axor Pharo) 1998

KRUFT, HANNO WALTER: *Städte in Utopia. Die Idealstadt vom 15. bis zum 18. Jahrhundert zwischen Staatsutopie und Wirklichkeit*, München (C.H. Beck) 1989

KRUFT, HANNO WALTER: *Geschichte der Architekturtheorie*, 3. Aufl., Studienausgabe, München (C.H. Beck), 1991

LOOS, ADOLF: ›Die Plumber‹, in: ds., *Ins Leere gesprochen*, hg. v. Adolf Opel, Wien (Prachner) 1981, S. 101–107

MAGNAGO LAMPUGNANI, VITTORIO: *Die Stadt im 20. Jahrhundert. Visionen, Entwürfe, Gebautes*, 2 Bde., Berlin (Wagenbach) 2010

MANNHEIM, KARL: *Ideologie und Utopie*, 7. Aufl., Frankfurt/Main (Klostermann) 1985

MORE, THOMAS: *Utopia*, lat. u. engl., hg. v. George M. Logan und Robert M. Adams. Cambridge (Cambridge University Press) 2002

MUMFORD, LEWIS: *Die Stadt. Geschichte und Ausblick*. 2 Bde., München (dtv) 1979

NERDINGER, WINFRIED (HG.): *Architektur wie sie im Buche steht. Fiktive Bauten und Städte in der Literatur*, Ausstellungskatalog Architekturmuseum der TU München, Salzburg (Pustet) 2006

NIPPERDEY, THOMAS: ›Die Funktion der *Utopie* im politischen Denken der Neuzeit‹, in: *Archiv für Kulturgeschichte 44* (1962), S. 357–368

NIPPERDEY, THOMAS: ›Thomas Morus‹, in: H. Maier u.a. (Hg.), *Klassiker des politischen Denkens*, München (C.H.Beck) 1968, Bd.1, S. 222–244

N.N.: ›Atomkrieg auf 81. Das Brettspiel 'Klassenkampf', marxistische Antwort auf 'Monopoly', ist ein Schnellkurs zur Geschichte der deutschen Arbeiterbewegung‹, in: *Der Spiegel 41*, 1980 (6.10.1980),

S. 276–278, http://www.spiegel.de/spiegel/print/d-14318224.html

ONKEN, WERNER: ›Henry George – ein Sozialreformer des Gedankens und der Tat‹, in: *Fragen der Freiheit 245*, Oktober–Dezember 1997, S. 3–18

ORBANES, PHILIP E.: *Monopoly. The World's Most Famous Game and How It Got that Way*, Cambridge, Mass. (Da Capo Press), 2006

ORBANES, PHILIP E.: *The Game Makers. The Story of Parker Brothers from Tiddledy Winks to Trivial Pursuit*, Boston, Mass. (Harvard Business School Press) 2004

PARLETT, DAVID: *The Oxford History of Board Games*, Oxford (Oxford University Press) 1999

PEVSNER, NIKOLAUS: *A History of Building Types*, London (Thames & Hudson) 1976

PILON, MARY: ›How a Fight Over a Board Game Monopolized an Economist's Life‹, in: *The Wall Street Journal*, 20.10.2009 http://online.wsj.com/article/SB125599860004295449.html?mod=rss_US_News

PLATON: *Der Staat*, hg. von Otto Apelt, Hamburg (Meiner) 1961

PLATON: *Nomoi*, hg. von Walter F. Otto u.a., Reinbek (Rowohlt) 1959

RAHMSDORF, SABINE: *Stadt und Architektur in der literarischen Utopie der frühen Neuzeit*, Heidelberg (Winter) 1999

REULECKE, ANNE-KATHRIN, Hg.: *Fälschungen. Zu Autorschaft und Beweis in Wissenschaften und Künsten*, Frankfurt a. M. (Suhrkamp) 2006

ROSENAU, HELEN: *The Ideal City. Its architectural evolution*, 2. Aufl., New York (Harper & Row) 1974

RÜHLE, RUDOLF: ›Monopoly – Neues aus alten Zeiten‹, in: *Spielbox* 4/2007, S. 32–33

SCHÄDLER, ULRICH (Hg.): *Spiele der Menschheit. 5000 Jahre Kulturgeschichte der Gesellschaftsspiele*, Darmstadt (Wissenschaftliche Buchgesellschaft) 2007

SCHILLER, FRIEDRICH: *Über die ästhetische Erziehung des Menschen in einer Reihe von Briefen*, hg. v. Klaus L. Berghahn, Stuttgart (Reclam) 2000

SCHOCH, RAINER, u.a.: *Albrecht Dürer. Das druckgraphische Werk, III: Buchillustrationen*, München (Prestel) 2004

SCHULLER, WOLFGANG (Hg.): *Demokratie und Architektur. Der hippodamische Städtebau und die Entstehung der Demokratie*, München (Deutscher Kunstverlag) 1989

SCHÜTTE, ULRICH: *Das Schloss als Wehranlage. Befestigte Schlossbauten der Frühen Neuzeit*, Darmstadt (Wissenschaftliche Buchgesellschaft) 1994

SENG, EVA-MARIA: *Stadt – Idee und Planung. Neue Ansätze im Städtebau des 16. und 17. Jahrhunderts*, Berlin, München (Deutscher Kunstverlag) 2003

SHLAES, AMITY: *The Forgotten Man. A New History of the Great Depression*, New York (Harper) 2007

SUTTON-SMITH, BRIAN: *The Ambiguity of Play*, Boston (Harvard University Press) 2005

TINKCOM, MARGARET B.; RUSSEL F. WEIGLEY: *Philadelphia: A 300-Year History*, New York (Norton) 1982

TÖNNESMANN, ANDREAS: *Pienza. Städtebau und Humanismus*, 2. Aufl., München (Hirmer) 1996

TÖNNESMANN, ANDREAS: ›Filarete im Dialog: Der Architekt, der Fürst und die Macht‹, in: B. Guthmüller, W. G. Müller (Hg.), *Dialog und Gesprächskultur in der Renaissance*, Wiesbaden (Harrassowitz) 2004, S. 153–164

TÖNNESMANN, ANDREAS: ›Idealstadt und Öffentlichkeit‹, in: Stefan Albrecht (Hg.), *Stadtgestalt und Öffentlichkeit*, Köln/Weimar (Böhlau) 2009, S. 311–331

VASARI, GIORGIO: *Lebensbeschreibung der berühmtesten Maler, Bildhauer und Architekten*, hg. v. Alessandro Nova, Berlin (Wagenbach) 2004 ff.

VIDLER, ANTHONY: *Claude-Nicolas Ledoux. Architecture and social reform at the end of the Ancien Régime*, Cambridge, Mass. (MIT Press) 1990

VOSSKAMP, WILHELM (Hg.): *Utopieforschung. Interdisziplinäre Studien zur neuzeitlichen Utopie*, 3 Bde., Frankfurt a. M. (Suhrkamp) 1985

WAGNER, DAVID: *The Poorhouse. America's Forgotten Institution*, Oxford (Rowman) 2005

WHITEHILL, BRUCE: ›American Games: A Historical Perspective‹, in: *Board Game Studies 2* (1999), S. 116–141

WINNICOTT, DONALD W.: *Playing and Reality* [1971], Abingdon/New York (Routledge Classics) 2005

WRIGHT, FRANK LLOYD: *Collected Writings*, hg. v. B. Brooks Pfeiffer, 5 Bde., New York (Rizzoli) 1992–1995

WRIGHT, FRANK LLOYD: *Usonien. When Democracy Builds*, engl./dt., Nachwort v. Bernd Nicolai, Berlin (Gebr. Mann) 1995

Bildnachweis

Autor: 1, 8, 15, 19, 20, 21, 23, 27, 30, 33, 34, 36, 37, 38, 39, 43, 44, 55, 63

Foto Marburg: 52

Library of Congress, Washington: 5, 7, 56

Schweizerisches Spielemuseum, La Tour-de-Peilz: 32

Sotheby's: 9, 16, 18

United States Patent and Trademark Office: 3, 10

Universitätsbibliothek Basel: 51

Walters Art Gallery, Baltimore: 42

Gerhard Weiß, München: 45

Yad Vashem Artifacts Collection: 29

Architektur und ihre Geschichte(n) bei Wagenbach

VITTORIO MAGNAGO LAMPUGNANI
BEDEUTSAME BELANGLOSIGKEITEN   *Kleine Dinge im Stadtraum*
Kiosk, Straßenlaterne, Abfalleimer, Bürgersteig, Schachtdeckel – der Architekturhistoriker Lampugnani schenkt den scheinbar bedeutungslosen kleinen Dingen im urbanen Raum Aufmerksamkeit und erzählt ihre Geschichte(n).
WAT 856. Broschiert. 304 Seiten mit sehr vielen Abbildungen

VITTORIO MAGNAGO LAMPUGNANI
GEGEN WEGWERFARCHITEKTUR   *Weniger, dichter, dauerhafter bauen*
Ein radikales Plädoyer für eine Architektur gegen die Wegwerfideologie des Kapitalismus. Und ein Angriff auf zu kurz gedachte Vorschläge, die punktuelle Schadensbegrenzung als Nachhaltigkeit deklarieren.
Klappenbroschur. 128 Seiten mit vielen Abbildungen

ERIK WEGERHOFF   AUTOMOBIL UND ARCHITEKTUR
Ein kreativer Konflikt
Wie lässt sich Bewegung bauen? Und wohin mit dem »ruhenden Verkehr«? Erik Wegerhoff über das Auto als kreative Herausforderung der Architektur: vom Geschwindigkeitsrausch der Avantgarden bis zur Spielstraße.
Großformat. Klappenbroschur. 240 Seiten mit sehr vielen Abbildungen

ERIK WEGERHOFF   DAS KOLOSSEUM
Bewundert, bewohnt, ramponiert
Ehe sich das Kolosseum als archäologisch abgezirkelte, gesäuberte Ruine präsentierte, war es jahrhundertelang bewohnt: von römischen Adligen, später von einem Eremiten und schließlich von zahllosen Pflanzen. Die Geschichte eines der bekanntesten Bauwerke der Welt. Reich illustriert!
Gebunden mit Schildchen und Prägung. 240 Seiten mit vielen Abbildungen

BERND ROECK, ANDREAS TÖNNESMANN   DIE NASE ITALIENS
Federico da Montefeltro, Herzog von Urbino
Die erfolgreiche Biographie des berühmtesten »Condottiere« im Italien der Renaissance: Heerführer, Diplomat, Förderer der Künste.
WAT 558. Broschiert. 240 Seiten

HORST BREDEKAMP   BERLIN AM MITTELMEER
Kleine Architekturgeschichte der Sehnsucht nach dem Süden
Horst Bredekamp als Stadtführer durch die Mitte Berlins – unversehens ist man in Rom, in Florenz, in Venedig und Athen. Der Autor verführt zu einem völlig neuen Blick auf eine Stadt, die man zu kennen glaubte.
Klappenbroschur. 192 Seiten mit sehr vielen Abbildungen

MONIKA WAGNER   MARMOR UND ASPHALT
Soziale Oberflächen im Berlin des 20. Jahrhunderts
Aus welchem Stoff besteht Berlin? Was erzählen die Oberflächen aus Granit und Marmor, Glas, Beton und Stahl, aus Asphalt und Keramik über die Interessen von Erbauern und Bewohnern der Metropole? Ein erhellender Blick auf die Stadt des 20. Jahrhunderts.
Großformat. Klappenbroschur. 200 Seiten mit vielen, größtenteils farbigen Abbildungen

Wenn Sie mehr über den Verlag und seine Bücher wissen möchten, schreiben Sie uns eine Postkarte oder elektronische Nachricht (mit Anschrift und E-Mail). Wir informieren Sie dann regelmäßig über unser Programm und unsere Veranstaltungen.
Verlag Klaus Wagenbach   Emser Straße 40/41   10719 Berlin
www.wagenbach.de   vertrieb@wagenbach.de